L'ORDINAPEUR

VOTRE PASSEPEUR

POUR UN HORRIBLE CAUCHEMAR

L'ORDINAPEUR

Texte et illustrations
de
Richard Petit

Les presses d'or

Isbn : 1-552255-52-2

Dépôts légaux 1er trimestre 2002
Imprimé au Canada
Bibliothèque nationale du Québec
Bibliothèque nationale du Canada

Les presses d'or (Canada) inc.
10, rue Notre-Dame
Bureau 300
Repentigny (Québec)
J6A 2N9
Téléphone : (450) 470-1700
Télécopieur : (450) 470-0970
Courriel : marketing@lespressesdor.com
Site Internet : www.lespressesdor.com

TOI !

Tu fais maintenant partie de la bande des
TÉMÉRAIRES DE L'HORREUR.

OUI ! Et c'est toi qui as le rôle principal dans ce livre où tu auras bien plus à faire que de tout simplement... LIRE. En effet, tu devras déterminer toi-même le dénouement de l'histoire en choisissant les numéros des chapitres suggérés afin, peut-être, d'éviter de basculer dans des pièges terribles ou de rencontrer des monstres horrifiants.

Aussi, au cours de ton aventure, lorsque tu feras face à certains dangers, tu auras à jouer au jeu des **PAGES DU DESTIN...** Par exemple, si dans ton aventure, tu es poursuivi par une espèce de monstre dangereux et qu'il t'est demandé de TOURNER LES PAGES DU DESTIN afin de savoir si ce monstre va t'attraper, la première chose que tu dois tout de suite faire, c'est de placer ton doigt tout tremblotant ou un signet à la page où tu es rendu, car tu auras à y revenir. Ensuite, SANS REGARDER, tu fais glisser ton pouce sur le côté de ton Passepeur en faisant tourner les feuilles rapidement pour finalement t'arrêter AU HASARD sur l'une d'elles.

Maintenant, regarde au bas de la page de droite : il y a plusieurs petits pictogrammes. Pour savoir si le monstre t'a attrapé, il n'y en a que deux qui te concernent :

celui de l'espadrille  et celui de la main. 

Pour le moment, ne t'occupe pas des autres, ils te serviront dans d'autres situations. Je t'explique tout un peu plus loin.

Comme tu as peut-être remarqué, sur une page, il y a une espadrille, et sur la suivante, il y a une main, et ainsi de suite, jusqu'à la fin du livre. Si par chance, en tournant les pages du destin, tu t'arrêtes au hasard sur le pictogramme de l'espadrille, eh bien bravo, tu as réussi à t'enfuir. Là, retourne au chapitre où tu étais rendu, il t'indiquera le numéro de l'autre chapitre où tu dois aller pour fuir le monstre. Si tu es le moindrement malchanceux et que tu t'arrêtes sur le pictogramme de la main, eh bien, le monstre t'a attrapé ; là encore, tu reviens au chapitre où tu étais, mais tu auras par contre à te rendre au chapitre indiqué où tu tomberas entre les griffes du monstre.

Lorsqu'on te demandera de TOURNER LES PAGES DU DESTIN, tu n'utiliseras, selon le cas, que les DEUX pictogrammes qui concernent l'événement. Voici les autres pictogrammes et leur signification...

Pour déterminer si une porte est verrouillée ou non :

Si tu tombes sur ce pictogramme-ci, cela signifie qu'elle est verrouillée ;

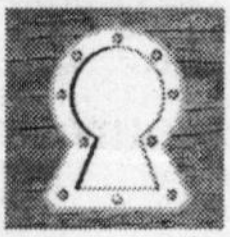

Si tu t'arrêtes sur celui-ci, cela signifie qu'elle est déverrouillée.

S'il y a un monstre qui regarde dans ta direction :

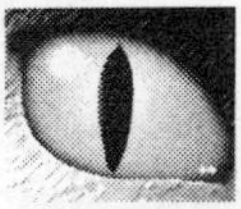

Ce pictogramme veut dire qu'il t'a vu ;

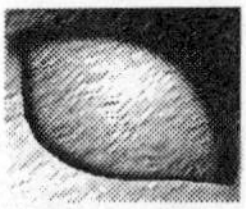

Celui-ci veut dire qu'il ne t'a pas vu.

En plus, pour te débarrasser des monstres que vous allez rencontrer tout au long de cette aventure, tu pourras utiliser un super cool désintégrateur. Cependant, pour atteindre les monstres qui t'attaquent avec cette arme, tu auras à faire preuve d'une grande adresse au jeu des pages du destin. Comment ? C'est simple : regarde dans le bas des pages de gauche; il y a un petit monstre, ton désintégrateur et la foudre lancée par ton pistolet.

Le petit monstre représente toutes les créatures que tu vas rencontrer au cours de ton aventure. Plus tu t'approches du centre du livre et plus la foudre se rapproche du monstre. Lorsque justement, dans ton aventure, tu fais face à une créature dangereuse et qu'il t'est demandé d'essayer de l'atteindre avec ton désintégrateur pour l'éliminer; il te suffit de tourner rapidement les pages de ton Passepeur en essayant de t'arrêter juste au milieu du livre. Plus tu te rapproches du centre du livre, et plus la foudre se rapproche du monstre. Si tu réussis à t'arrêter sur une des cinq pages centrales du livre portant cette image, eh bien, bravo !

Tu as visé juste et tu as réussi à atteindre de plein fouet la créature qui te cherchait querelle et de ce fait à t'en débarrasser. Tu n'as plus qu'à suivre les instructions au chapitre où tu étais selon que tu l'aies touchée ou non.

Ta terrifiante aventure débute au chapitre 1. Et n'oublie pas : une seule finale te permet de terminer... ***L'ORDINAPEUR.***

1

IL EST MINUIT PILE ! Dans ta chambre, toutes les lumières sont éteintes pour ne pas alerter tes parents. Surtout ta mère, elle a l'ouïe très fine et ferait une de ces colères si elle te voyait encore debout, à cette heure si tardive.

Qu'est-ce qui peut bien te tenir éveillé ? Un film d'horreur avec des scènes épouvantablement sanglantes hante ton sommeil ? NON ! C'est ton nouvel ordi...

L'étrange colporteur au teint blafard vêtu d'un long manteau noir a promis à ton père que cet ordinateur était capable de performances extraordinaires, et il avait raison. C'EST UNE VRAIE FORMULE UN !

C'est plus fort que toi, tu ne peux t'empêcher de pianoter sur le clavier et cliquer sur la souris. Souris, il faut le dire vite ! Elle ressemble plutôt à un gros rat, et lorsque tu appuies sur le bouton, elle émet un lugubre CLIRC ! CLIRC ! En fait, c'est tout l'ordi qui a un look étrange. Son boîtier n'est pas fait de plastique, on dirait presque de la peau. Même les cordons d'alimentation sont bizarres. Ils ressemblent à des viscères d'animal. C'est peut-être idiot, mais tu penses que cet ordinateur... EST EN VIE !

Gratte-toi la tête et rends-toi au chapitre 5.

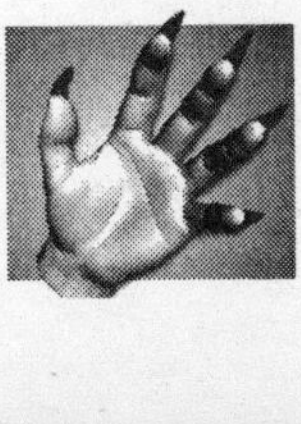
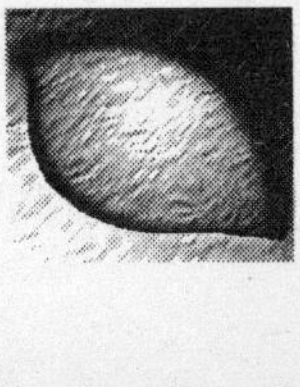

2

Ta commode ressemble maintenant à Cerbère, le chien à trois têtes qui garde les portes de l'enfer. Tu t'approches lentement d'elle, désintégrateur en main. Les trois têtes grognent et te montrent leurs dents.

Tu comprends que cette bête, quelle qu'elle soit, n'a qu'un objectif : empêcher quiconque de débrancher l'ordinateur – protéger l'alimentation coûte que coûte. Comment la détruire sans bousiller tes beaux vêtements ?

Autour de toi, tout continue de changer. Si tu attends encore longtemps, tu ne pourras plus rien faire. Tu pointes ton désintégrateur en direction du monstre qu'est devenue ta commode. Le monstre a flairé le danger et bondit vers toi. TU APPUIES SUR LA GÂCHETTE !

Vas-tu réussir à l'atteindre ? Pour le savoir…

TOURNE LES PAGES DU DESTIN…

Si tu réussis à l'atteindre de plein fouet, rends-toi au chapitre 47.

Si tu l'as raté, va alors au chapitre 50.

3

La foudre de ton désintégrateur a raté sa cible, mais a créé une brèche dans les parois de la grotte. Vous vous jetez dans cette porte de sortie inespérée pour fuir.

Derrière vous, le monstre bicéphale court en hurlant et en grognant. Marjorie trébuche sur un enchevêtrement de gros câbles transparents et lumineux. Vous l'aidez à se relever. Il y a plein de ces drôles de câbles partout. À l'intérieur de chacun, il y a des centaines d'insectes qui flottent dans le liquide en mouvement. Tu regardes attentivement et te ravises. Ce sont non pas des insectes, mais plutôt des puces électroniques et des transistors vivants… OUI ! VIVANTS…

Tout ceci est très intéressant, mais tu as oublié le monstre… QUI EST JUSTE DERRIÈRE TOI ! Un long tentacule pourvu d'une énorme ventouse sort de sa bouche et arrive vers toi comme la langue gluante d'un caméléon. Tu te jettes par terre et évites de justesse son appendice dégoûtant. Dans un **GLOURB !** des plus répugnants, il ravale son tentacule et vise maintenant Marjorie, qui se retourne rapidement.

La ventouse du tentacule va se planter sur le sac à dos de ton amie au chapitre 55.

4

PASSE VITE À L'ACTION !
Rends-toi au chapitre que tu auras choisi.
26
29

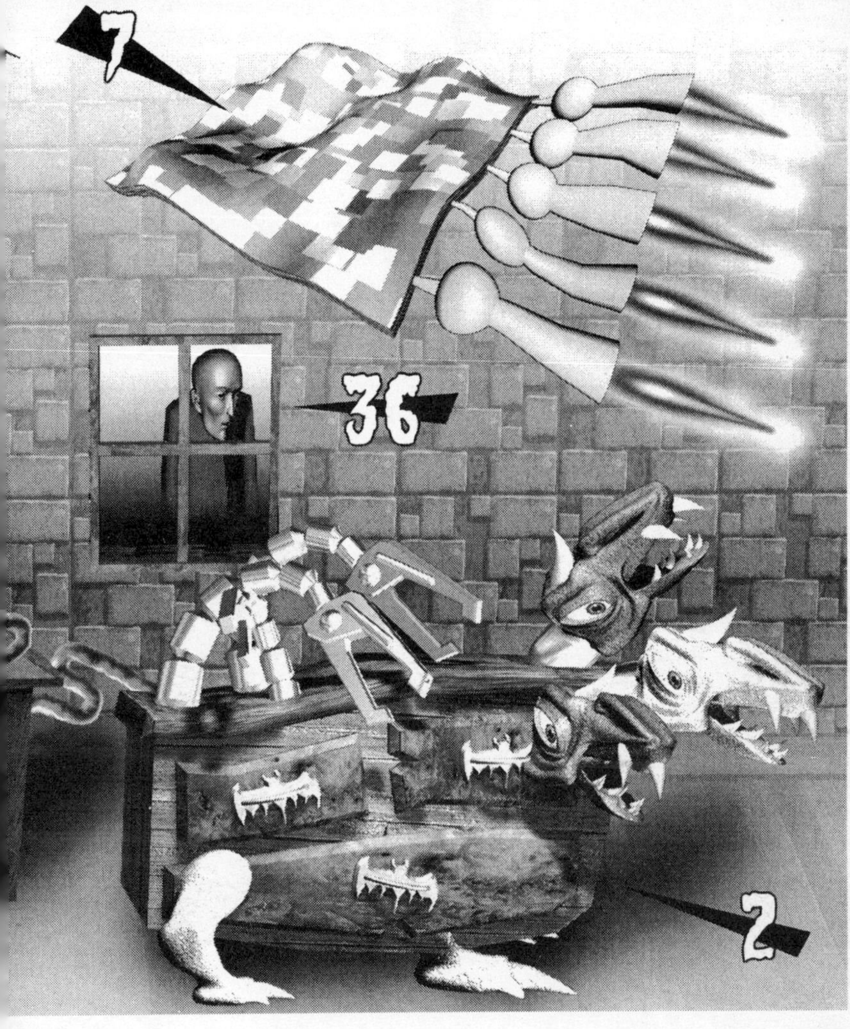
7
36
2

5

Il est trois heures quinze du mat. Il serait peut-être temps que tu ailles te coucher. Tu essaies de te lever, mais rien à faire, t'es comme collé à l'écran de l'ordi qui projette ses couleurs sur ton visage. Tu te dis que ce n'est qu'une impression et que tu es resté trop longtemps assis. Tu secoues la tête et tu fais une autre tentative. Rien à faire... QUELQUE CHOSE TE RETIENT !

ES-TU HYPNOTISÉ ? Non, car tu peux un peu bouger. Tu te penches sur le côté et tu remarques que le cordon d'alimentation s'est enroulé autour de tes pieds comme les tentacules gluants d'un monstre abominable. Tu essaies de te dégager, mais t'es même pas capable de te déplacer d'un centimètre. Tu craignais que cet ordi soit maléfique, et tu avais raison. Qu'est-ce que tu vas faire? Crier à ton père ? JAMAIS ! À cette heure-ci tu te ferais infliger une punition mémorable qui te vaudrait une place de choix dans le grand livre des records Guinness.

Téléphoner à Marjorie et Jean-Christophe ! Tes amis des Téméraires de l'horreur, voilà la solution. Tu essaies de tendre le bras vers le combiné, mais il est juste un peu trop loin sur ton bureau.

ZUT ! Trouve une solution au chapitre 85.

6

Ce genre de système électronique ne t'est pas familier mais tu as pu tout de même t'apercevoir qu'il s'agissait d'un compte à rebours.

Vous vous approchez tous les trois avec d'infimes précautions pour chercher à comprendre à quoi il peut bien servir. C'est ton ordinateur qui est branché directement à ce grand panneau. Lui, il est ensuite relié à tous les téléphones de la ville.

« Les lignes téléphoniques ! réfléchit Jean-Christophe en pointant du doigt une des puces qui se déplace sur un des câbles. Chacun de ces câbles est relié à une maison du quartier, et les puces... »

Jean-Christophe n'a pas le temps de terminer sa théorie que la puce qui marchait sur le câble saute sur le bout de son index et tente de se frayer un chemin sous son ongle. Jean-Christophe hurle tout d'abord de douleur puis se fige dans un terrifiant silence. Ses yeux deviennent lumineux.

« IL FAUT FAIRE QUELQUE CHOSE ! hurle sa sœur Marjorie. NE RESTE PAS PLANTÉ LÀ ! »

Tu saisis, sans réfléchir, le bras de ton ami au chapitre 18.

7

Vous êtes parfaitement conscients qu'en mettant les pieds sur ce tapis, vous seriez transportés sans aucun doute dans un endroit inconnu et éloigné où règnent, évidemment, de grands dangers.

Malgré tous les risques, vous n'hésitez pas une seconde. Aussitôt que vous embarquez tous les trois sur le tapis métamorphosé, les moteurs à réaction se mettent en marche et le tapis vous soulève à un mètre du plancher. C'est ta dernière chance ! Si tu veux débarquer… C'EST LE MOMENT !

Tu regardes tes deux amis aussi inquiets que toi mais calmes. Tu restes donc toi aussi assis sur le tapis qui tourne vers la fenêtre et fonce droit vers elle. Tu te couvres la tête avec ton chandail lorsque vous fracassez la vitre. Tout va bien, personne n'est blessé…

Vous survolez Sombreville. La nuit, les lumières, c'est très beau et ça te fait presque oublier ta peur.

Vous arrivez vite aux limites ouest de la ville au chapitre 103.

Rends-toi au chapitre inscrit sous l'icône que tu auras choisi.

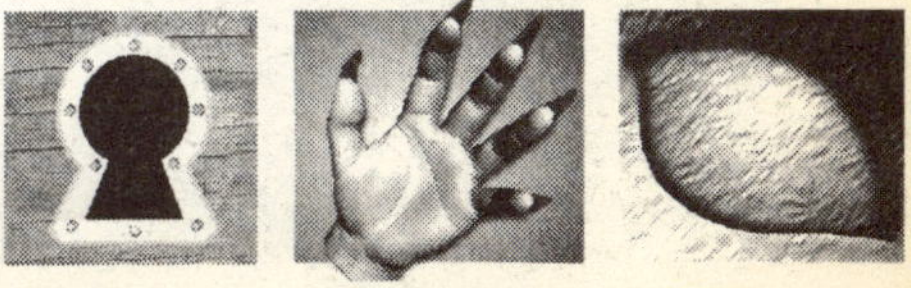

9

Vous baissez la tête, car vous avez l'horrible impression qu'il vous a aperçus à ta fenêtre. Assis tous les trois sur le plancher, dos au mur, vous écoutez attentivement. Au-dessus de votre tête, la fenêtre glisse et s'ouvre lentement. Vous vous relevez d'un seul bond tous les trois et vous la refermez sur les doigts raides et tout blancs du colporteur...

Il hurle sa douleur et s'enfuit en courant. Vous ouvrez la fenêtre et vous vous lancez à sa poursuite. En pyjama, tu cours dans les rues de Sombreville.

« OÙ EST-IL PASSÉ ? » demande Marjorie qui arrive à ta hauteur.

Un chien aboie sur la rue Pasdebosang. Vous vous dirigez vers lui. C'est le colley de Madame Lambert, c'est un gentil chien. Tu lui caresses la tête et tu cherches partout. ZUT ! Le colporteur vous a échappé…

Juste en face de la maison de Madame Lambert, un nouveau commerce est sur le point d'ouvrir ses portes… UN MAGASIN D'ORDINATEURS !

C'est curieux, la porte est entrouverte…

Vous vous dirigez vers elle au chapitre 12.

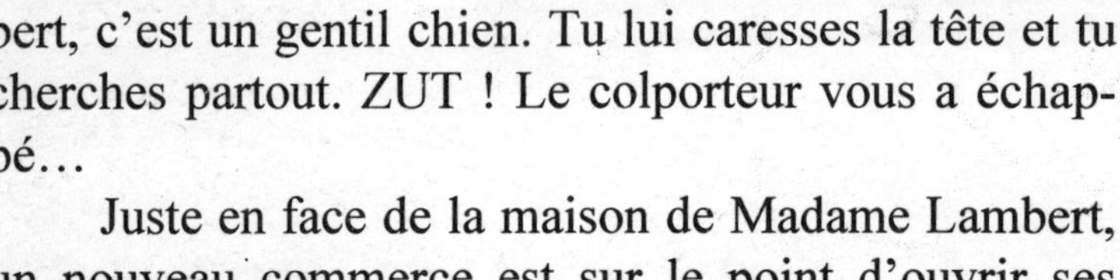

10

Voyant que personne ne lui ouvre, le colporteur rageur déchire la boîte et branche l'ordi à une prise électrique près de la porte. Il pianote ensuite rapidement sur quelques touches du clavier, et tout de suite l'ordi se métamorphose en une créature terrifiante.

Vous essayez de vous enfuir, mais le monstre vous a aperçus et il se lance à votre poursuite. Allez-vous avoir la chance de vous enfuir… NON !

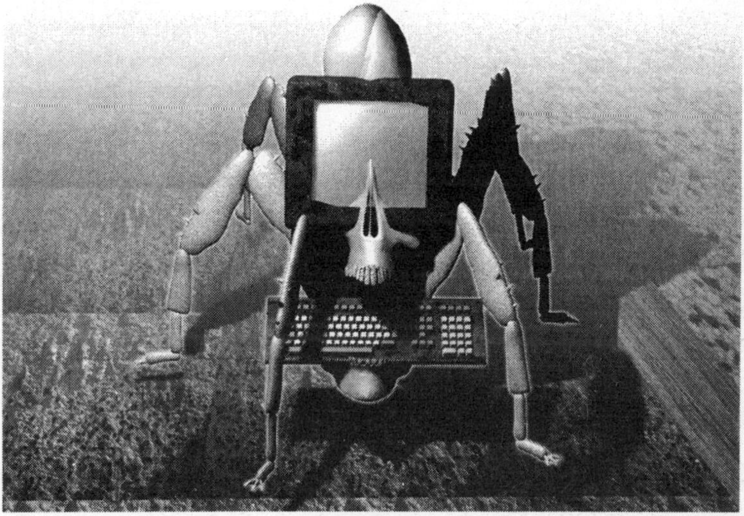

FIN

11

Tu fermes les yeux et tu déposes les doigts sur le clavier. Rien ne se produit. Tu presses quelques touches puis l'écran devient clignotant et passe du bleu au rouge puis au vert. Tu t'arrêtes…

Il ne se passe rien d'autre. Tu te tournes vers tes amis mais ils ne sont plus là. Tu regardes partout dans ta chambre. On dirait qu'ils sont partis. Tu ouvres la porte, il n'y a personne dans le corridor. Tu lèves les épaules car tu ne comprends vraiment pas où ils sont passés.

Tu te rassois devant ton ordi et tu découvres que tu as, sans t'en rendre compte, commencé un jeu. AH ! Un peu de détente te fera le plus grand bien. Tu tapes sur quelques touches pour faire progresser les deux petits personnages du jeu, qui, à ton grand étonnement, ressemblent en tous points à Jean-Christophe et Marjorie.

« SAPRISTI ! » t'exclames-tu en constatant qu'il s'agit bel et bien de tes amis.

Va au chapitre 81.

12

Tu pousses lentement la porte qui s'ouvre en grinçant **CRIIIIIII !** et vous entrez tous les trois. Autour de vous, il y a plein de boîtes. Tu examines l'une d'entre elles. Elle contient un ordi pareil au tien.

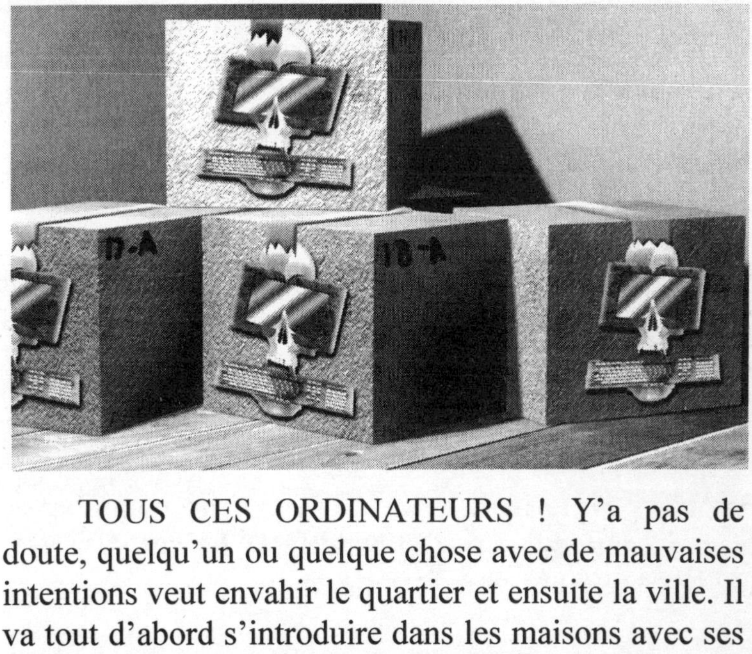

TOUS CES ORDINATEURS ! Y'a pas de doute, quelqu'un ou quelque chose avec de mauvaises intentions veut envahir le quartier et ensuite la ville. Il va tout d'abord s'introduire dans les maisons avec ses ordinateurs démoniaques pour ensuite posséder tout, autant les objets... QUE LES GENS !

Allez au chapitre 80.

13

Tu saisis tout de suite la manette. Maintenant, tu peux guider à ta guise le tapis volant. Les cheveux au vent, tu te concentres sur la tâche à accomplir. C'est un peu comme un jeu vidéo sauf qu'ici, une fausse manœuvre, et tu peux vraiment te péter la gueule.

Tu tournes autour du château lugubre. Tu portes la main gauche à ta poitrine parce que tu penses que ton cœur va en sortir. Tes amis en ont aussi le souffle coupé; le spectacle est à la fois terrifiant et sensationnel. Tu aperçois une passerelle. Voilà ta piste d'atterrissage…

« CHERS PASSAGERS, vous enjoint Marjorie, qui joue à l'agent de bord. VEUILLEZ ATTACHER VOTRE CEINTURE. NOUS ALLONS ATTERRIR EN CATASTROPHE DANS QUELQUES SECONDES ! » ajoute-t-elle, les deux mains sur les yeux.

Le tapis percute violemment les pierres usées de la passerelle, qui heureusement tient le coup. Vous glissez sur plusieurs mètres. Un mur de poussière se soulève autour de vous, et puis **BANG !** Vous enfoncez, malgré vous, une grande porte.

Le tapis s'arrête dans le hall tapissé de toiles d'araignée du château Morondus au chapitre 88.

14

Avant même que tu n'aies le temps de pousser la porte, le judas s'ouvre…

Rends-toi au chapitre 84.

15

Dès que la puce manquante est installée sur le circuit imprimé, la porte s'ouvre. **SHHHHHH !**

Il n'y a rien de l'autre côté que la continuité de la galerie. Quelques chauves-souris vous font sursauter, mais pas plus, car vous pouvez tout de suite faire la différence entre de simples chauves-souris et de dangereuses chauves-souris vampires. L'expérience des vrais Téméraires, quoi… Vous vous penchez tous les trois pour leur céder le passage. Au loin, elles disparaissent dans la galerie. Tu passes avec tes amis le seuil de la porte qui, malheureusement, se referme toute seule.

BLAM !

Impossible de revenir en arrière maintenant.

Plus loin, les bruits des machineries se font de plus en plus audibles. Vous êtes sur la bonne voie. Avec confiance, tu avances sans regarder où tu mets les pieds. Juste avant que tu ne tombes dans un immense trou, Jean-Christophe attrape ton chandail et t'arrête net.

OUF ! Va au chapitre 105.

16

Sans réfléchir, tu arraches de la main du squelette cette étonnante découverte. Mais tu n'as pas vu que le cubitus du squelette était relié à un fil transparent et que tu venais d'activer… LES ESCALIERS PERPÉTUELS !

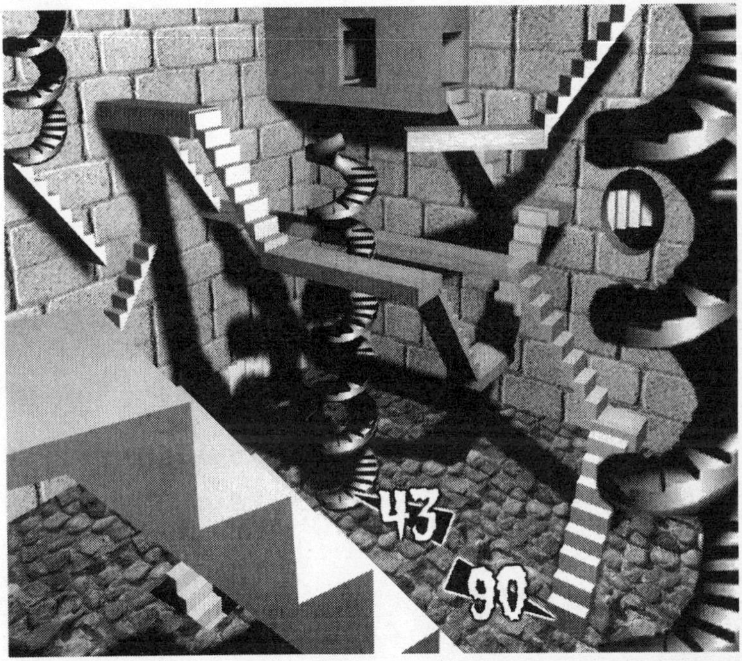

Si tu veux espérer un jour sortir de cet endroit, étudie bien ce réseau complexe d'escaliers. Choisis la voie que tu veux prendre.

  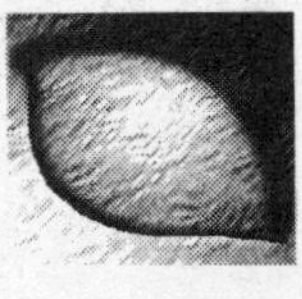

17

« C'EST UN FAUX ! s'exclame-t-il après-l'avoir examiné. Il est en plastique. Les deux yeux sont des caméras vidéo miniatures. C'EST UN DISPOSITIF DE SURVEILLANCE ! »

Tu respires un peu mieux. Mais qui au juste habite cet endroit, et pourquoi protège-t-il les lieux avec un système aussi perfectionné ?

Tu t'approches d'un des squelettes couchés dans un cercueil. Lui aussi est fait de plastique. Tout autour de vous n'est que décor comme on en retrouve au cinéma. Quelqu'un se donne vraiment un mal fou pour protéger les lieux; c'est très bizarre !

« Qui d'autre qu'un milliardaire excentrique peut aller si loin dans l'extravagance ? » en conclut Marjorie.

Au fond de la salle principale se trouve une grande porte derrière laquelle vous percevez une conversation.

Est-elle verrouillée ? Pour le savoir…

TOURNE LES PAGES DU DESTIN…

Si elle n'est pas fermée à clé, va au chapitre 14.

Si par contre elle est solidement verrouillée, allez plutôt au chapitre 74.

18

La puce électronique s'est branchée à Jean-Christophe et ne tarde pas à contrôler tous ses mouvements. Sous tes yeux, il se métamorphose. Tu essaies de saisir sa main pour lui enlever cette puce maudite, mais ton ami te repousse violemment. Tous ces boutons, leviers et transistors qui viennent d'apparaître partout sur sa peau ont décuplé sa force.

Marjorie jette des regards affolés autour d'elle. Des dizaines de puces marchent dans sa direction et finissent par l'encercler. Va-t-elle subir le même horrible sort ? NON ! Elle se met à sauter et danser pour toutes les écrabouiller.

Devant toi, Jean-Christophe se dresse. Il ressemble de plus en plus à une sorte de mutant électronique. Tu te doutes qu'il est sur le point de te faire passer un mauvais quart d'heure. Il faut que tu le débarrasses de cette puce avant que la transformation ne soit irréversible.

Faire sauter la puce avec une surchage électrique, voilà ce que tu dois faire, et les piles de ton baladeur vont peut-être faire l'affaire...

Tu plonges la main dans ton sac à dos et tu tires le fil de tes écouteurs au chapitre 33.

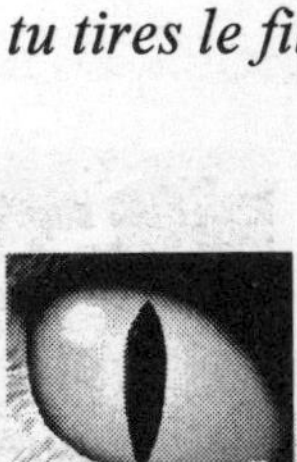

19

« Peut-être faudrait-il ouvrir la prochaine porte, tous les trois ensemble » pense Marjorie.

Vous mettez tous les trois la main sur la poignée et vous tirez tous en même temps. GO ! Est-ce que cela a fonctionné ? Non, parce que derrière, il y a un miroir. Vous regardez tous les trois votre reflet, qui semble un peu différent de la réalité. Tu cherches à comprendre en quoi. OUI ! Le miroir te renvoie une image vieillie de toi-même.

Jean-Christophe et toi, vous vous mettez à rire lorsque vous apercevez toutes ces rides sur votre visage. Marjorie, elle, ne sourit pas du tout, car les rides de vieillesse de votre reflet... APPARAISSENT AUSSI SUR VOTRE VISAGE !

Tu refermes vite la porte, mais le miroir maléfique a fait son œuvre... VOUS AVEZ VIEILLI TOUS LES TROIS DE 40 ANNÉES !

Lentement, le dos courbé, vous vous rendez tous les trois à l'extrémité du couloir...

... à la toute dernière porte au chapitre 79.

20

Vous vous laissez emporter vers les sombres et très morbides catacombes. Le tapis vous dépose comme de la marchandise délicate juste devant un pont-levis qui s'abaisse dans un lugubre bruit de chaînes.

CLING ! CLIIIING ! CLING !

Tu jettes un regard discret autour de toi en te demandant ce que tu peux bien faire ici. Vous traversez le pont qui semble assez solide pour supporter votre poids. Il y a des pierres tombales très anciennes qui transpercent le tapis de brouillard verdâtre. Une main osseuse peut surgir de n'importe quelle tombe, t'attraper, et t'entraîner sous le sol vaseux du cimetière. T'as déjà vu ça souvent, et pas juste dans des films d'horreur.

Des chauves-souris vampires aux dents proéminentes attendent tête en bas qu'une proie imprudente passe sous l'arbre mort pour se jeter sur elle et sucer tout le délicieux sang qui circule dans ses veines. C'est une chance que tu aies aperçu ces répugnantes créatures de la nuit.

Le brouillard est de plus en plus dense. Tu ne vois même pas tes espadrilles ni où tu poses les pieds.

Ton cœur bat à tout rompre lorsque tu t'approches de l'entrée des catacombes au chapitre 82.

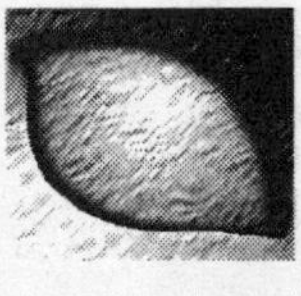

21

ZOOUUUP ! En plein dans le mille. C'est ce qui s'appelle bien visé. La créature a été littéralement pulvérisée.

Vous poursuivez votre route. MALHEUR ! Tu viens de poser le pied sur quelque chose de mou. Sans doute un morceau du monstre que tu viens de bousiller. Comment contourner quelque chose qui est invisible ?

Plus loin, une lumière diffuse semble éclairer la grotte. Vous avancez. Sur le sol, il y a des traces de pas. Tu les compares à tes pieds, et elles sont deux fois plus grandes. Vous arrivez dans une vaste caverne traversée par des tas de câbles translucides. À l'intérieur d'eux, tu peux apercevoir des puces électroniques qui flottent dans un liquide bizarre qui lentement les déplace. Vous suivez un gros tuyau mou qui se tortille par terre. Le tuyau aboutit au panneau principal du système téléphonique du quartier.

Tu découvres avec horreur dans le panneau des centaines de petites puces vivantes. Elles marchent comme des mille-pattes sur chacun des fils. Chacun de ces fils conduit à une maison. Qu'est ce que ces insectes de silicone trament ? Veulent-ils s'introduire dans le cerveau des gens par une oreille et contrôler tout le monde ?

Va au chapitre 30.

22

ZOOUUUP !

En plein dans le mille ! La souris volante virevolte comme un oiseau blessé et va s'écraser dans ta corbeille à papiers. **BLAM !**

Par le fil, tu la soulèves et tu la déposes sur son petit tapis. Tu pianotes alors sur le clavier de ton ordi. Il n'y a plus de lettres sur les touches. Tu essaies de te rappeler quelques détails, mais c'est trop vague. Tu appuies sur ce que tu crois être la touche « ENTRÉE ». Ton ordi réagit et t'attrape par le cou avec un de ses tentacules gluants. Tu n'oses plus toucher à rien.

Jean-Christophe et Marjorie tentent par tous les moyens de te dégager, mais rien à faire. Plus ils tirent sur le tentacule, et plus il se resserre sur ton cou.

Avec la main droite, tu attrapes la souris et cliques n'importe où sur l'écran. Trois icônes apparaissent. Sur lequel vas-tu faire glisser le pointeur et cliquer ?

Observe-bien l'écran de ton ordi au chapitre 8.

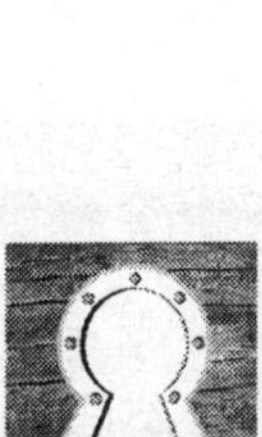

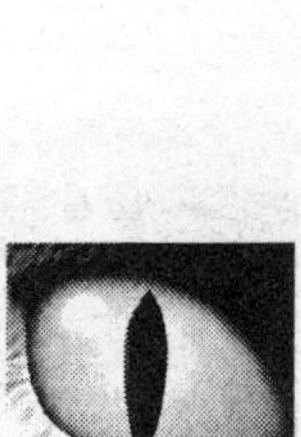

23

À ton grand étonnement... QUELQU'UN RÉPOND ! Tu essaies de capter des bribes de la conversation, mais avec sa voix basse, presque éteinte, tu ne comprends pas un traître mot de ce que le colporteur peut raconter à la dame.

Tu croises les doigts, espérant qu'elle va lui fermer la porte au nez, mais il n'en est rien. Plutôt, la dame lui tend une liasse de billets, et le colporteur lui donne l'ordi…

NOOOOON !

Ensuite, il lui fait une petite courbette pour la remercier et retourne à sa camionnette afin de poursuivre son petit manège à la maison voisine.

Tu te jettes vers l'entrée de la dame et tu sonnes à ton tour à la porte. MALHEUR ! Elle ne répond pas. À la fenêtre, les lumières clignotantes éclairent le trottoir. Elle a branché l'ordinateur… IL EST TROP TARD !

Autour de vous, dans plusieurs maisons, les ordinateurs démoniaques tendent leurs dégoûtants tentacules partout… ET VOUS N'Y POUVEZ RIEN !

FIN

24

La porte ne possède aucune serrure, mais que des tas de composantes électroniques. Des transistors, des transformateurs, plusieurs fils multicolores, un microprocesseur, un capteur de mouvements… Tout cela sur un circuit imprimé. Tu remarques soudain qu'une importante pièce manque à la porte pour qu'elle puisse s'ouvrir à vous.

Tu réfléchis quelques secondes puis tu plonges la main dans ta poche gauche pour en sortir ton couteau suisse. Marjorie s'affole; elle croit qu'un monstre vient vers vous. Elle se colle sur son frère et jette des regards nerveux partout.

« Du calme, la rassures-tu. Je vais tenter d'ouvrir la porte avec l'une des puces électroniques qu'il y a dans un de ces tuyaux. »

Avec la lame très bien affilée de ton couteau, tu perces un des gros tubes transparents. Des dizaines de puces et de transistors se répandent avec le liquide gluant sur le sol. Tu as l'embarras du choix…

Rends-toi au chapitre 102 pour choisir.

25

Comment vas-tu réussir à descendre ? D'où tu te trouves, tout est hors de portée…

Tu suis le câble qui te soutient. Il monte jusqu'au plafond très haut, ensuite il descend sur le mur jusqu'à une sorte de mécanisme.

Avec les jambes, tu donnes quelques coups et tu réussis à te balancer pour tracer de grands cercles. Tu parviens à t'approcher suffisamment pour constater qu'il s'agit d'un système de poulies et de roues dentées. Tu donnes encore quelques coups pour t'approcher encore plus. Tu réussis tant bien que mal à t'accrocher à un rebord de pierre tout près du mécanisme.

Couper le câble ? T'as même pas ton couteau suisse. Tu examines le mécanisme. Il y a plusieurs poulies, quelques roues dentées et une manivelle. Tu remarques aussi que ce truc est pas mal rouillé… Tourner la manivelle est la seule solution. MAIS ATTENTION ! Si tu la tournes dans le mauvais sens, tu risques fort que tout se fige dans la rouille. Si par malheur ça devait arriver, tu serais condamné à rester suspendu comme ça... TRÈS TRÈS TRÈS LONGTEMPS !

Examine bien le mécanisme au chapitre 54.

26

Tu t'approches de cette chose qu'est devenue ton ordinateur et qui peut aussi bien te mordre ou t'expulser dans une autre dimension. À l'écran, il y a le pointeur de la souris et toutes sortes d'icônes qui t'intriguent beaucoup. Tu brûles d'impatience de découvrir de quoi il s'agit. Si, bien sûr, l'ordi t'en laisse le temps. Tu t'assois lentement sur ta chaise. RIEN NE SE PASSE ! Tu es toujours là.

Tu approches ta main de la souris et tu la saisis, très délicatement. Elle frissonne et grogne sous tes doigts. Tu promènes le pointeur sur l'écran jusqu'à ce qu'il arrive sur un icône où il est écrit : formatage du disque dur et réinstallation de tous les programmes de base. Lorsque tu t'apprêtes à cliquer sur le bouton de droite de la souris, **ZAP ! ZAP !** Des ailes apparaissent sur le dos de la souris, et elle s'envole. Tu pointes le désintégrateur dans sa direction et tu appuies sur la gâchette. Vas-tu réussir à l'atteindre ? Pour le savoir…

TOURNE LES PAGES DU DESTIN… Et vise bien…

Si tu réussis à l'atteindre, va au chapitre 22.

Par contre, si tu l'as ratée, rends-toi au chapitre 35.

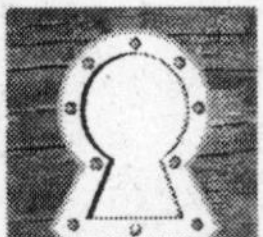

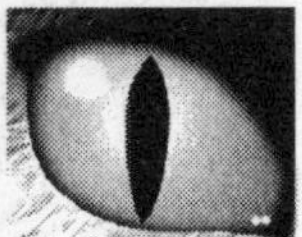

27

Tu cliques sur ce curieux icône en espérant que ce soit le bon.

Le tentacule vibre, ouvre très grand sa ventouse et t'avale comme un boa avale sa proie.

GLOURB !

Les mains le long du corps, tu entames une longue descente de plusieurs mètres pour finalement être tranformé… EN MICROPROCESSEUR HUMAIN

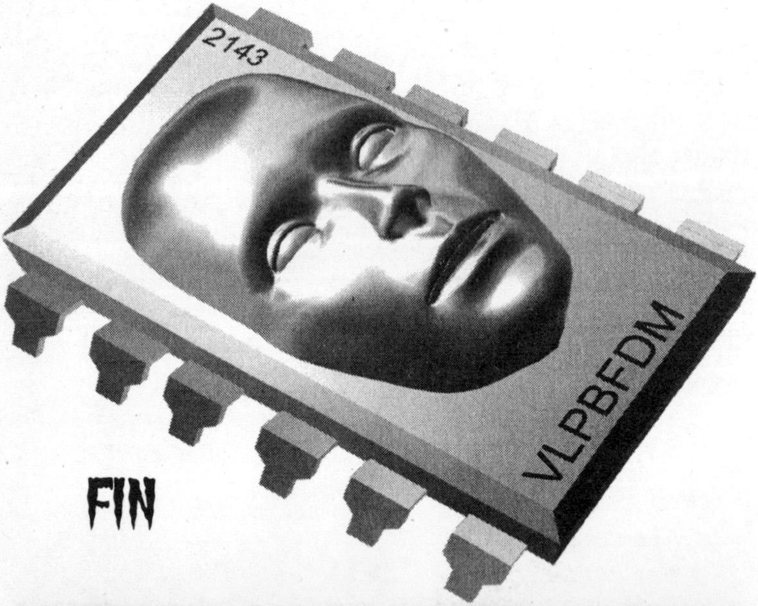

FIN

28

Tu tournes la poignée, et la porte s'ouvre. Vous descendez quelques marches et constatez qu'il fait très noir. À tâtons, vous avancez dans le sous-sol humide. Ta tête percute un objet, **POC !** qui se balance et revient encore te frapper la tête... **POC !** C'EST UNE AMPOULE ! Tu tires la petite corde, et la lumière vous éclaire...

Ton cœur s'arrête lorsque tu aperçois le colporteur assis dans un fauteuil – du genre chaise de dentiste. Il est immobile. À ses deux yeux sont branchés des câbles dégoûtants comme ceux que tu retrouves sur ton ordi. DEUX PLUS DEUX FONT QUATRE ! Le colporteur est une sorte de robot maléfique avec de très mauvais projets...

Ensemble, vous décidez d'appeler les flics. Eux, ils feront ce qu'il faut faire pour mettre en quarantaine cette boutique diabolique.

Toi et tes deux amis, retournez au chapitre 4. Il reste un ordi à débrancher... LE TIEN !

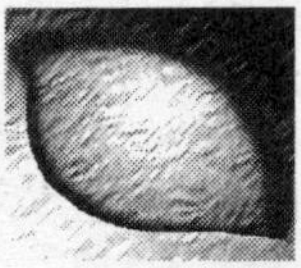

29

Difficile de croire que vous allez vous aventurer dans une sombre et profonde grotte creusée à même l'armoire que ton grand-père t'a léguée en héritage.

Pistolet désintégrateur en main, tu prends la tête de ton équipe de chasseurs de fantômes, les Téméraires.

À l'entrée, tu n'as même pas besoin de baisser la tête pour entrer tellement que l'embouchure est grande. À l'intérieur de l'armoire, il n'y a maintenant que de grandes parois rocheuses. Des stalactites, suspendues à la voûte, s'écoule un liquide qui brille dans le noir et qui éclaire partout. C'est peut-être radioactif; vaut mieux ne pas toucher à ça.

Un crâne écrasé par le gros pied d'une créature vous confirme que le danger est bien présent. Tu serres très fort la crosse de ton désintégrateur. Entre les **PLIC ! PLOC !** des gouttes lumineuses qui tombent, tu perçois un petit frottement, QUELQUE CHOSE APPROCHE !

« Voilà ma première cible qui se pointe », murmures-tu à Marjorie, qui n'a rien entendu, mais qui cherche maintenant de tous les côtés.

« Un tir et ZOUP ! Je la pulvérise... »

Elle avance au chapitre 44.

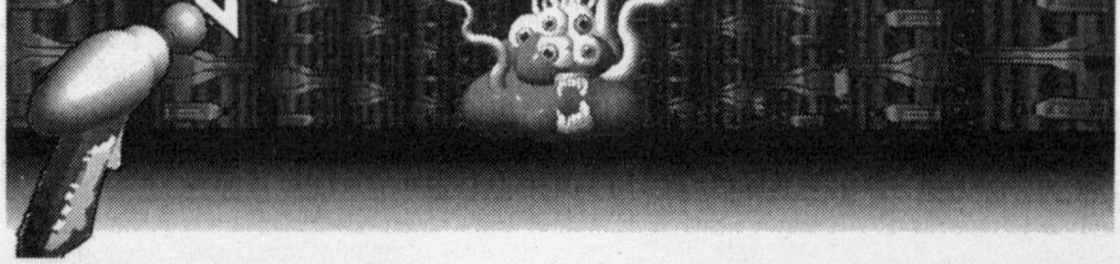

30

Tu voudrais t'approcher et en attraper une, mais Jean-Christophe et Marjorie te retiennent, c'est trop dangereux. Elles pourraient toutes te sauter dessus et te dévorer comme de voraces petits piranhas. Il ne te resterait que les os.

Allez au chapitre 65.

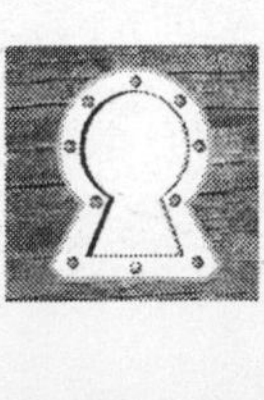

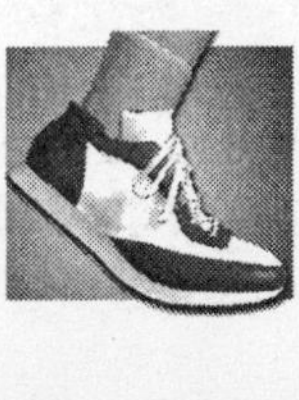

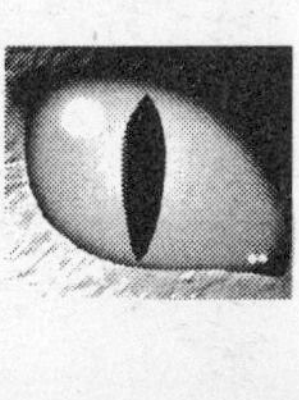

31

Derrière-toi, la poignée de ta porte de chambre tourne lentement. S'il s'agit de tes parents... T'ES CUIT ! La porte s'ouvre un petit peu. Le visage souriant de Marjorie glisse dans l'ouverture. OUF ! Ce sont tes amis...

« Entreeeez ! Insistes-tu en serrant les dents. Qu'est-ce que vous attendez?

— POUAH ! Mais qu'est-ce qui se passe ici ? Et c'est quoi ce truc dégoûtant ? s'étonne Jean-Christophe. On dirait un ordinateur !

— C'en est un ! Mais c'est une trop longue histoire, lui réponds-tu. Dégagez-moi de cette machine infernale, VITE ! »

Tout près de toi, un tiroir de ton bureau s'ouvre tout seul. À l'intérieur, il n'y a plus un seul de tes vêtements, mais des centaines de puces électroniques frétillantes et lumineuses. L'ordinateur essaie de prendre le contrôle de ta chambre. La situation se corse. Ça presse, il faut te dégager au plus vite.

Jean-Christophe t'attrape par le torse et Marjorie se jette à genoux sur la moquette pour saisir tes jambes. Ensemble, ils conjuguent leurs efforts et réussissent à te dégager.

Allez au chapitre 61.

32

Au bout d'un étroit passage, vous trouvez un escalier qui descend très bas. OH OH ! Vous n'êtes jamais passés par ici...

Tu te penches pour sonder la noirceur.

Tu arraches un des câbles lumineux, tu l'enroules autour de ta main gauche et tu passes devant. Jean-Christophe et Marjorie derrière toi, tu dévales les marches. Une centaine de marches plus bas, l'escalier aboutit à une grande salle. Tu sursautes lorsque tu aperçois la grande statue qui semble surveiller l'entrée. Vraiment pas belle à voir, très très mal faite. La personne qui a sculpté cette horreur a certainement coulé son cours d'art plastique à l'école...

Vous suivez tous les trois une centaine de câbles qui tournent tous en spirale, mais qui vont dans la même direction. La salle dans laquelle vous êtes est circulaire. Ça, vous en êtes certain. Les câbles placés en spirale vous rapprochent de plus en plus du centre. C’est trop vaste et il fait trop noir pour voir quoi que ce soit ici. À toutes les dix secondes environ, tes cheveux sont balayés par un courant d'air chaud et humide. Ça pourrait être une ouverture quelque part, mais à cette profondeur sous le sol, il y a de fortes chances qu'il s'agisse plutôt du souffle d'une créature gigantesque qui respire, cachée dans l'ombre...

Cesse de trembler et va au chapitre 52.

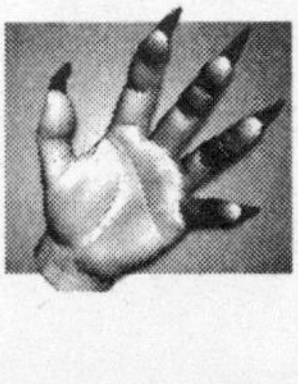
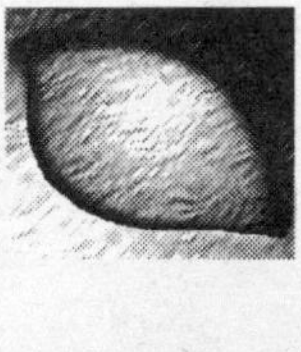

33

Rapidement, tu saisis ton baladeur et tu arraches la petite porte derrière laquelle est logée la pile. Faut espérer maintenant qu'elle contient assez d'énergie pour faire sauter la puce. Jean-Christophe avance un peu puis s'immobilise. Un déclic se fait entendre, et ses deux yeux changent. Maintenant, ils sont comme des faisceaux laser rouges et ils sont pointés directement sur la pile que tu tiens entre ton pouce et ton index. Le mutant qu'il est devenu se doute peut-être de quelque chose...

ÇA VA MARCHER, C'EST CERTAIN ! Si seulement ton ami transformé attrape avec la main la pile où se trouve accrochée cette foutue puce électronique…

Tu lances la pile vers ton ami. Elle tournoie dans les airs et arrive vers lui. Est-ce que Jean-Christophe va attraper la pile ou va-t-il plutôt s'enfuir ? Pour le savoir...

TOURNE LES PAGES DU DESTIN.

Si Jean-Christophe attrape la pile, rends-toi vite au chapitre 39.

Si par contre il s'enfuit, va au chapitre 58.

34

Tu cliques deux fois sur la clé, et tout de suite une double porte s'ouvre à l'écran. Derrière-toi, Marjorie et Jean-Christophe se réjouissent.
Le jeu commence. Il s'agit ici d'éliminer tous les monstres que tu rencontres pour finalement faire face au maître du niveau. Une fois ce dernier vaincu, tu auras droit à un indice…

Tu promènes le pointeur à l'écran détruisant toutes les créatures qui osent pointer leur sale gueule à l'écran. Au bout d'un grand labyrinthe, le maître du niveau apparaît. Tu fais feu de tout ton arsenal et tu le fais disparaître lui aussi.

À l'écran apparaît le mot : ARMOIRE.

Voilà enfin l'indice qu'il te fallait. Retourne au chapitre 4.

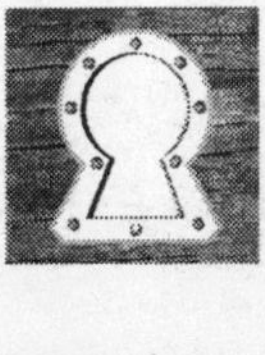

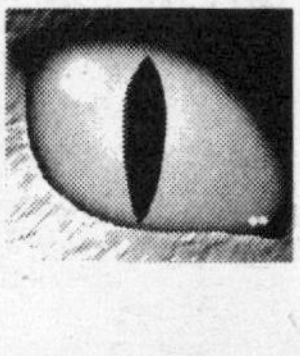

35

RATÉ !

Tu essaies de tirer un autre coup, mais ton désintégrateur s'est enrayé. La souris volante se jette sur toi. Tu luttes avec elle pendant que Marjorie essaie de la frapper avec ton oreiller. Ses dents pointues se plantent dans ta main. OUILLE ! Que ça fait mal ! Tu viens d'être mordu par ta souris d'ordinateur ! Qui va croire un truc pareil ?

Jean-Christophe vient d'avoir un éclair de génie. Il tire le fil et débranche la souris, qui tombe inerte sur le tapis. **BANG !** Bien fait pour elle...

Tantôt, il n'y avait que ton bras qui te faisait mal, maintenant la douleur est montée à ton coude. C'EST EN TRAIN DE S'INFECTER ! VITE ! Il te faut de l'antiseptique.

Discrètement, tu parviens à te rendre jusqu'à la salle de bains où est rangée la trousse d'urgence. Tes bobos bien soignés et bien pansés, tu retournes dans ta chambre…

... au chapitre 60.

36

Tu fermes la lumière de ta chambre et tu te diriges vers la fenêtre.

« C'est lui ! t'exclames-tu tout bas. C'est le colporteur qui a vendu cet ordi de malheur à mon père. »

Il se tourne vers vous...

Va-t-il vous apercevoir tous les trois de la fenêtre ? Pour le savoir…

TOURNE LES PAGES DU DESTIN…

S'il vous a vus, allez au chapitre 9.

Si cependant, il n'a pas remarqué que vous étiez en train de l'épier, rendez-vous alors au chapitre 59.

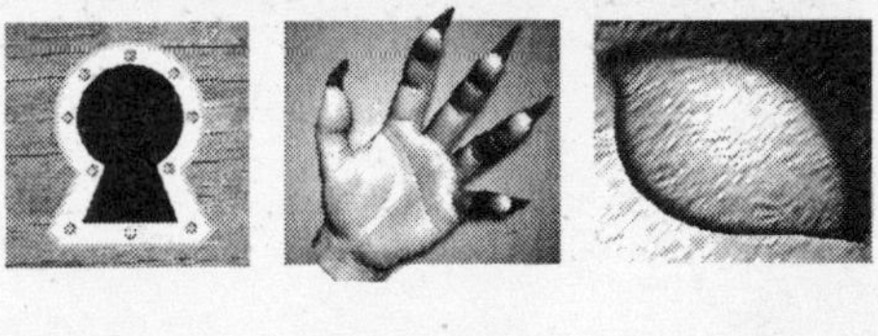

37

Lentement, tu tournes la manivelle.

AH NON ! Tu montes au lieu de descendre. Tu stoppes net et tu essaies de la ramener dans l'autre sens. RIEN À FAIRE ! Il vient d'arriver ce que tu craignais le plus : le mécanisme est figé dans la rouille…

Tu voudrais dire un paquet de gros mots, mais ça servirait à quoi…

Tu essaies toutes sortes de choses, mais rien à faire. Vous attendez comme ça, suspendus dans les airs, tous les trois jasant de tout et de rien. Une porte coulissante finit par s'ouvrir tout à fait en bas, et un torrent d'eau verte entre à grand débit. Est-ce le temps du bain ? NON ! C'est plutôt l'heure du repas qui vient de sonner pour une quelconque créature qui nage et qui trace des cercles juste au-dessous de toi. À voir la dimension de sa nageoire dorsale, il s'agit d'une très grosse bibitte, ça c'est certain.

L'eau monte rapidement, emportant avec elle la créature. Tu lèves les pieds, mais tu ne fais que retarder de quelques secondes ta triste destinée…

FIN

38

DES RAPTORS !

LENTEMENT ! Sans faire de gestes précipités, tourne les pages de ton livre jusqu'au chapitre 71.

39

D'un geste mécanique et extrêmement précis, Jean-Christophe attrape la pile. Tout de suite, de petits éclairs courent sur sa main. La puce maudite saute de son index et se met à courir sur les parois de la grotte. Jean-Christophe s'affale sur le sol pendant que Marjorie tente d'écraser la puce d'un coup de savate à la Jackie Chan.

CROUCH !

Elle a réussi...

Tranquillement, ton ami reprend ses esprits. Avec Marjorie, tu enlèves doucement les transistors qui s'étaient formés sur sa peau.

« Tout doux ! Tout doux ! se lamente Jean-Christophe, qui retrouve lentement ses sens. Allez-y doucement, comme pour des pansements... »

Ensemble, vous repartez poursuivre l'exploration de cette grotte aux multiples galeries. Vous entendez de la machinerie qui ronronne, mais vous êtes incapables de la trouver. Vous avez l'impression de tourner en rond, car vous revenez plusieurs fois dans les endroits où vous êtes déjà passés. Marjorie frotte un caillou sur la paroi pour dessiner un X afin que vous puissiez reconnaître les galeries dans lesquelles vous êtes déjà passés.

Marchez jusqu'au chapitre 32.

40

Anxieux, vous vous placez tous les trois devant le miroir. Comme par magie, les rides disparaissent une après l'autre jusqu'à ce que vous retrouviez tous les trois votre apparence normale.

Une lumière diffuse s'échappe d'une grille et vous permet de fouiller de fond en comble la pièce où vous êtes. Il n'y a aucune porte ! D'ailleurs, où est passée la porte par laquelle vous êtes entrés…

Tu saisis le deuxième miroir, et le reflet de celui-ci te révèle l'emplacement… DES PORTES !

« Il y a une, deux, trois portes, indiques-tu à tes amis après avoir fait le tour de la pièce. Une ici, une là et l'autre juste à côté de toi Marjorie…

— OÙ ? OÙ ? cherche-t-elle en tournant en rond. Je ne vois rien… »

Tu t'approches et tu pointes avec ton doigt l'emplacement exact où elle se trouve en t'aidant du miroir. Jean-Christophe tapote le mur et finit par poser sa main sur la poignée invisible.

Le miroir magique comme guide, vous réussissez à retourner jusqu'au chapitre 4 afin de poursuivre votre aventure…

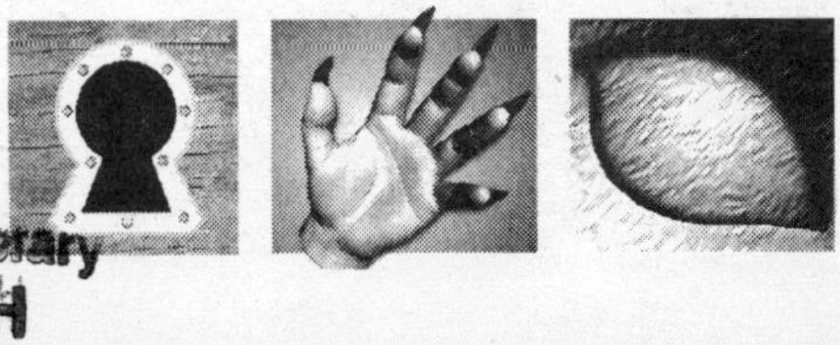

41

Dans la vallée, la lave s'accumule dangereusement autour de vous. La lave est à plusieurs mètres de toi, et tu peux sentir la chaleur sur ta peau. Devant vous, un cul-de-sac ! Vous devez retourner en arrière.

Des hurlements de dinosaures surviennent tout autour de vous. C'est le cataclysme qui détruira toute espèce animal sur terre…

Il y a de cela 160 millions d'années sont disparus de la surface de la terre les dinosaures… ET LES TÉMÉRAIRES DE L'HORREUR ! Et ceci, ça ne sera jamais écrit dans aucun livre…

FIN

42

Vous descendez sans hésiter l'escalier de bois vermoulu. Derrière vous, une porte se ferme violemment. **BLAM !** Tu jurerais que tantôt, il n'y en avait aucune. Enfin, vous ne pouvez qu'aller de l'avant maintenant.

Tout en bas, le sol est terreux et humide. Il y a des cercueils partout dans des cavités creusées à même la roche. Certains sont vides et d'autres contiennent des restes humains en état de décomposition. Ceci va te couper l'appétit pour les trois prochains jours, ça c'est certain.

Avec un bon coup de karaté, tu brises les toiles d'araignée qui t'empêchent de progresser. Un crâne placé sur le couvercle d'un cercueil semble t'observer. Mal à l'aise, tu regardes ailleurs et tu fais quelques pas en avant. Tu te retournes vers le crâne… SES DEUX YEUX SONT ENCORE FIXÉS DROIT SUR TOI !

Tu te mets à bégayer en pointant le crâne qui te dévisage. Jean-Christophe se sert d'un morceau d'étoffe arraché à un squelette et saisit le crâne.

Allez au chapitre 17.

43

Tu te jettes avec certitude vers les premières marches d'un escalier en colimaçon. Ça tourne et ça tourne mais ça ne mène nulle part. Tu lèves les épaules et tu t'excuses auprès de tes amis de t'être trompé. À côté de toi, il y a une fenêtre qui demeure continuellement à ta hauteur. Monte-t-elle avec toi ? Non ! Vous êtes pris dans un… ESCALIER ROULANT !

Marjorie a une bonne idée. Il faut vous séparer et prendre chacun une voie. Le premier qui atteint la sortie avertit les deux autres. Au début, ça vous semblait une bonne idée, mais ça fait maintenant des heures que vous vous voyez sans parvenir à vous rencontrer dans un même escalier.

Une journée passe, et tu commences à avoir sérieusement faim. Jean-Christophe se rassasie en mangeant une tablette de chocolat. Tu le supplies de t'en lancer un morceau. Il s'exécute un peu à contrecœur, car il sait très bien que la nourriture par ici se fait assez rare. Le morceau virevolte vers toi, mais tombe dans un gouffre entre deux escaliers juste devant toi. C'est raté. Une autre journée passe, et tu as encore plus faim. Maintenant, tu ne cherches plus la sortie, mais plutôt ce rat dodu que tu as croisé plus tôt…

FAIM

44

Le frottement se fait de plus en plus audible. Tu cherches de tous bords tous côtés. Rien en vue. Qu'est-ce qui vient vers vous ? Pas moyen de le savoir. Tu sens que ça bouge près de toi. Peu importe ce que c'est, en tout cas c'est doté de la faculté de se rendre invisible. Situation ô combien stressante...

Tirer partout avec ton désintégrateur, voilà un bon moyen d'éliminer cette créature invisible ! Avec un peu de chance, tu pourrais peut-être réussir à l'atteindre. Ah non ! Ce n'est pas une bonne idée. Tu épuiserais vite les piles de ton désintégrateur et tu te retrouverais sans aucun moyen véritable de vous défendre.

Adossés à la paroi humide de la grotte, vous ouvrez grand les yeux. La créature invisible se déplace toujours, vous l'entendez très bien. Jean-Christophe remarque qu'un sillon se forme sur le sol poussiéreux. C'est la créature qui laisse sa trace. Tu pointes ton désintégrateur dans sa direction, mais tu ne tires pas. Ton doigt tremble sur la gâchette. Quelques grosses gouttes lumineuses tombent en plein sur la tête de la créature, et elle apparaît, quelques secondes, juste le temps que vous puissiez voir à qui vous avez affaire.

... AU CHAPITRE 62.

45

Aussitôt que tu décroches le combiné, la sonnerie du téléphone cesse, mais vous pouvez encore entendre, de là où vous êtes, des milliers d'autres sonneries retentir au loin. Ce sont les téléphones du quartier.

Lorsque tu colles le combiné à ton oreille, tu remarques qu'il n'y a aucune tonalité. Tu sens tout à coup que quelque chose te chatouille l'oreille. Pris de panique, tu jettes le combiné au loin. Marjorie et Jean-Christophe, le visage figé par la peur, reculent et tentent de s'éloigner de toi. Une puce électronique vient de se fixer à ton lobe d'oreille. Tu essaies de l'enlever, mais ça fait trop mal.

Tu veux hurler à tes amis de venir t'aider, mais de ta bouche ne sortent que des sons informatisés. Tes bras et tes jambes ne répondent plus. Cette puce-électronique-boucle-d'oreille vient de prendre le contrôle total de ton cerveau, et tu ne peux rien faire.

Tes amis cherchent à comprendre ce qui se passe. Tu leur souris d'une façon assez démoniaque avant de les attraper tous les deux avec tes longs doigts maintenant transformés en de longs fils électriques. Des milliers de puces vous entourent puis se collent à votre peau pour vous métamorphoser tous les trois en processeurs vivants...

FIN

46

Tout au bas de l'écran, il y a deux clés. Laquelle te permettra de commencer la partie ?

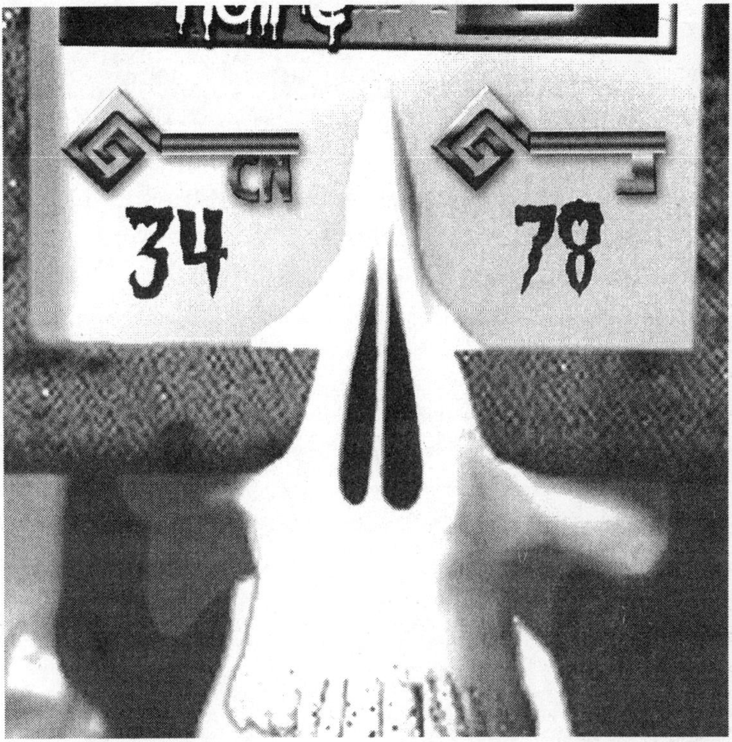

Rends-toi au chapitre inscrit sous la clé que tu auras choisie...

47

ZOOUUUP !

SUPER ! Tu as pulvérisé une tête, mais il en reste deux. Pas le temps de tirer un autre coup, le monstre se lance à votre poursuite. Tu sautes sur ton lit, le monstre bondit et te mord la cheville, tu t'évanouis...

Tu ouvres les yeux. Qu'est-ce qui s'est passé ? AH OUI ! Tu t'es fait mordre par ta commode transformée en chien à trois têtes par ton ordinateur. Marjorie et Jean-Christophe sont aussi avec toi, ils se sont fait mordre eux aussi.

Bon, vous êtes ensemble, mais où êtes-vous ? Autour de vous, c'est une forêt, mais de quelle forêt s'agit-il ? Le parc de Sombreville ? Non, parce qu'il y a autour de toi des plantes gigantesques que tu n'as jamais vues de ta vie.

Des grognements surviennent ainsi que des bruits de feuilles et de branches écrasées. Tu pousses vers le côté un bosquet de fougères pour voir...

... au chapitre 38.

48

Vous descendez les marches grossièrement sculptées à même la pierre. En bas, il fait sombre, mais vous parvenez à discerner une multitude de cercueils anciens placés chacun dans une cavité creusée dans les parois.

Lentement, tu soulèves un des couvercles. Ça sent très mauvais ! C'est vrai que ça fait plus d'un siècle que ce cercueil a été placé ici. Rien d'autre à signaler qu'un cadavre séché dans ses vêtements pourris. Tu refermes lentement le couvercle et tu passes au suivant.

À l'intérieur de celui-ci, pas de cadavre. Seulement une longue cape noir et rouge. C'est peut-être un cercueil réservé, mais à qui appartient-il ? Tu frottes le couvercle pour enlever la poussière afin de lire l'épitaphe : *Ici gît Mourabus le magicien malicieux.* Si toutefois il a réussi à échapper à sa propre mort… GARE À VOUS !

« POUR MON PROCHAIN TOUR ! hurle soudain une voix caverneuse derrière vous. Je vais demander l'assistance de trois braves gens. »

Vous vous retournez vers la grande silhouette bleutée coiffée d'un chapeau haut-de-forme au chapitre 86.

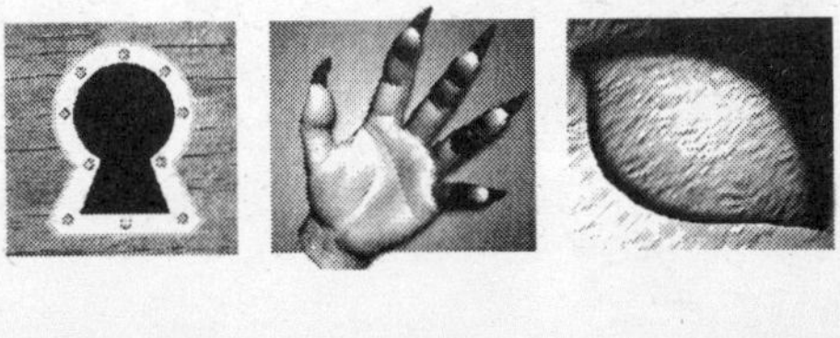

49

CRAAAAAC !

Marjorie essaie tout de même de rester en équilibre sur le vieux fauteuil qui n'a plus maintenant que trois pieds. Elle s'accroche au tableau. Le fauteuil pivote et tombe sur le côté. Les pieds dans le vide, elle essaie de se hisser dans l'ouverture en vain et elle tombe, **BLAM !**

Vous vous élancez vers elle. La chute de Marjorie a affaibli les solives pourries du plancher qui cèdent sous votre poids. Vous chutez maintenant tous les trois, un étage plus bas, dans un lit à baldaquin aux couvertures moisies. Sur la table de chevet tout près de toi, une bouteille de parfum s'ouvre d'elle-même… IL Y A UN FANTÔME DANS CETTE CHAMBRE ! Ce n'est pas le temps de piquer un petit roupillon.

Vous essayez de vous lever, mais une curieuse fumée s'échappe de la bouteille et vous enveloppe. Vous vous endormez tous les trois… LES YEUX TOUJOURS OUVERTS !

Plusieurs fantômes vous entourent et tu ne peux pas bouger un seul muscle, car maintenant, tu vas dormir éveillé… POUR L'ÉTERNITÉ !

FIN

50

MALHEUR ! Tu as raté la cible…

Le monstre à trois têtes rugit comme un lion et bondit sur toi. Tu tombes à la renverse sur ton lit. Le monstre appuie ses deux lourdes pattes sur ton torse et t'immobilise. Tu repousses une de ses têtes avec la main gauche et une deuxième avec la main droite. Mais le monstre en possède trois et il réussit à te mordre dans le cou comme le font les vampires. Peu à peu, tu sens tes forces te quitter…

Tu ouvres les yeux et découvres que tu es suspendu, avec tes deux amis, par un câble dans un endroit où tu n'as jamais mis les pieds.

Va au chapitre 25.

51

Après avoir regardé attentivement l'écran, tu te demandes bien ce que tu dois faire maintenant, car chaque geste, comme tu as pu le constater avec ta souris métamorphosée, peut avoir des conséquences, disons-le… ASSEZ GRAVES !

Toucher l'écran avec la main pourrait être intéressant, surtout lorsque tu songes que le verre... SEMBLE AVOIR DISPARU ! Dans ce cas-ci, rends-toi au chapitre 57.

Pour pianoter sur le clavier, même si toutes les lettres, les chiffres et les mots se sont effacés, va alors au chapitre 11.

REBRANCHER LA SOURIS ! C'est à envisager... Rends-toi dans ce cas-ci au chapitre 89.

52

Autour de vous, ça devient de plus en plus lugubre car il y a maintenant des ossements humains sur le sol. Des crânes, des tibias et des cages thoraciques recouvrent le plancher. Un tapis très morbide quoi.

Juste au-dessus de vous, une grande sphère soudain se gonfle d'énergie et illumine la salle tout entière. Ta crainte était bien fondée. Au centre, sous une grande voûte rocheuse, se trouve recroquevillée sur elle-même une créature énorme. Tous les câbles sont branchés à ce monstre sans visage. Pas d'yeux, pas de bouche... que des gros câbles branchés à sa tête. Effrayés, vous l'examinez, le dos appuyé à la paroi rocheuse. Son souffle régulier soulève encore tes cheveux... CETTE CRÉATURE EST VIVANTE !

Bon ! Vous avez découvert la source du mal, mais ne pensez pas en venir à bout avec votre ridicule désintégrateur. Autant vous battre contre une armée d'ogres armés et assoiffés de sang avec de simples, cure-dents !

Revenir sur vos pas pour vous consulter sur la bonne tactique à prendre, ça, ce serait judicieux. Vous vous dirigez à pas feutrés vers l'escalier. En voulant poser le pied sur la première marche, tu butes contre quelque chose d'invisible. Un mur transparent, une barrière magique... VOUS NE POUVEZ PLUS SORTIR !

Allez au chapitre 93.

53

De l'autre côté du gouffre profond, tu peux te remettre à respirer normalement. De ce côté-ci, la galerie est beaucoup plus large. À la voûte sont suspendues avec des chaînes toute une série de plaques sur lesquelles sont soudés de longs pics mortels. À gauche et à droite, sur les parois, il y a des fissures bien droites - trop droites même. Tu glisses un œil dans l'une d'elles et tu remarques qu'il y a une grosse lame de scie meurtrière prête à trancher les malchanceux qui déclencheront le mécanisme de mise en marche.

Tu observes autour de toi. Par terre, il y a un petit caillou qui n'est pas de la même couleur que les autres. C'est sans doute sous ce caillou que se cache l'ignoble levier qui active cette machine infernale.

Vous le contournez en tremblant parce que se faire couper en deux et finir percé par des dizaines de gros pics, ça doit être assez douloureux merci.

Un gros rat aux yeux brillants passe entre tes jambes. AÏE ! Tu te retournes vers Marjorie.

« ATTRAPE-LE ! lui hurles-tu. SINON, IL VA MARCHER SUR LE LEVIER… »

Allez au chapitre 99.

54

Pour descendre, dans quel sens devrais-tu tourner la manivelle ?

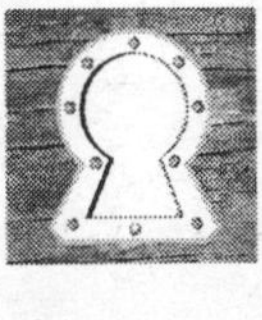

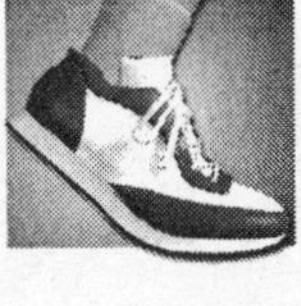

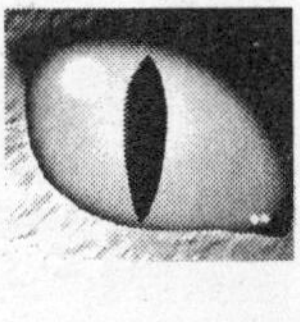

55

Comme un aspirateur infernal, le tentacule avale tout le contenu du sac de Marjorie en quelques secondes.

« TONNERRE DE TONNERRE, AIDEZ-MOI ! hurle-t-elle, paniquée. NE RESTEZ PAS PLANTÉS LÀ COMME DES IDIOTS ! »

Mais avant que vous ne puissiez faire le moindre geste vers elle, le monstre se prend la gorge avec ses deux mains en forme de pinces et se met à hurler de douleur. Marjorie réussit à enlever son sac à dos réduit en lambeaux en gesticulant comme une folle. Le tentacule du monstre se dessèche comme un raisin au soleil. Le monstre à l'agonie s'affale sur le sol de la grotte. Hébétés, vous observez, immobiles.

« Qu'est-ce qu'il y avait dans ton sac ? Demandes-tu à Marjorie en cherchant à comprendre.

— Ma lampe, un calepin, un stylo, un yaourt, une tablette de chocolat », te répond-elle en cherchant elle aussi à comprendre ce qui a tué le monstre.

Vous poursuivez l'exploration de cette dangereuse grotte au chapitre 77.

56

Aussitôt que tu cliques sur cet icône, le tentacule lâche sa prise. Tu te réjouis, mais lorsque l'ordi se met à gronder comme une bête, tu t'écartes de lui.

GROOUUUU ! GRRRRR !

Dans ta chambre, tout se met à vibrer. Les couvertures et les draps de ton lit se soulèvent lorsque au même instant, une ouverture béante apparaît à la place de l'écran et vous aspire tous les trois à l'intérieur.

FIOOOUUUUU !

Tout se met à tourner autour de toi. Tes deux amis disparaissent dans des tourbillons. Tu tournes longtemps seul, comme ça, entre les dimensions. Le temps passe, les minutes, les heures et enfin les jours. C'est curieux, tu n'as pas faim. Tu n'éprouves non plus aucune soif. Tout finit par se calmer autour de toi. Tes deux pieds touchent la terre ferme. Il fait très noir ici. Tu aperçois une petite fenêtre de lumière au loin. Tu t'en approches. Derrière l'épaisse fenêtre; c'est ta chambre. Tu frappes avec tes deux poings, incapable de briser l'écran derrière lequel tu es prisonnier… SEUL !

FIN

57

Tu approches la main de la surface de l'écran. Tu avais raison, il n'y a plus de verre, et ta main pénètre à l'intérieur même de l'ordinateur. Tu sens des picotements, mais rien de plus. À l'intérieur, tu ne réussis pas à toucher à quoi que ce soit. L'écran est petit pourtant, ça te semble beaucoup plus vaste que cela ne le laisse croire.

Tu sors le bras et, comme un dresseur de lions, tu glisses la tête à l'intérieur. En effet, c'est très vaste. En fait, c'est un monde paisible que tu retrouves de l'autre côté. Il y a des plaines, des montagnes et des rivières. Un beau village invitant est juché sur une magnifique colline verte... UNE AUTRE DIMENSION !

Tu sors maintenant la tête pour expliquer à tes amis ce que tu as vu. Jean-Christophe plonge la sienne pour voir lui aussi. MAIS C'EST UN PIÈGE ! Il est tout à coup aspiré à l'intérieur. Marjorie et toi, vous vous regardez. Avant que vous n'ayez le temps de vous éloigner, deux mains gigantesques vous attrapent par les pieds et vous tirent aussi vers... DES FLAMMES BLEUES !

FIN

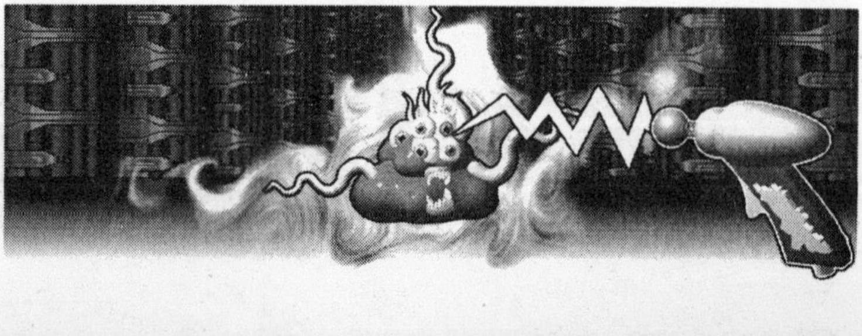

58

Jean-Christophe tourne les talons et s'enfuit dans une des multiples galeries de la grotte.

« FAUT LE RATTRAPER ! » hurle Marjorie.

Vous courez en suivant ses traces de pas laissés dans la poussière sur le sol. Les marques laissées par ses espadrilles changent graduellement. Vous les suivez plus lentement, car maintenant, ses traces de pas ressemblent aux pistes d'une créature inconnue. Tu ranges ton désintégrateur, car tu ne pourrais certainement pas tirer sur ton ami, même s'il s'est transformé en monstre super hideux.

Par terre, les traces changent encore. On dirait maintenant des sillons laissés par des roues. Comment est-ce possible ! Plus loin vous devrez contourner une curieuse machine qui ressemble en tous points à une machine à laver. Tu stoppes net lorsque tu aperçois ton nom sur le petit afficheur à cristaux liquides de l'étrange machine. Tout près d'un voyant lumineux, il y a deux yeux humains qui te fixent intensément... CE SONT LES YEUX DE JEAN-CHRISTOPHE !

Allez au chapitre 91.

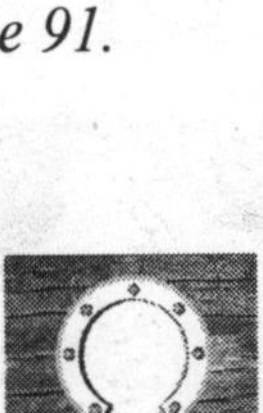

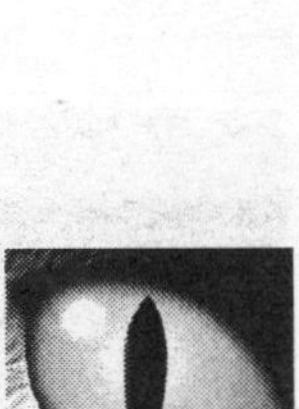

59

Le colporteur s'éloigne de ta maison. Tu ouvres la fenêtre pour sortir. Marjorie te tire par le bras…

« T'as pas remarqué, mais t'es en pyjama et en pantoufles, te sourit-elle.

— Tu crois que j'ai le temps de me changer ? Lui signales-tu. Si nous ne partons pas tout de suite, nous allons perdre sa trace. »

Vous sortez tous les trois pour le suivre. Il se dirige vers une camionnette. Cachés derrière un grand chêne, vous l'observez. Il ouvre la portière, fouille à l'intérieur du véhicule quelques secondes et en sort une grande boîte… UN AUTRE ORDINAPEUR !

Où va-t-il à cette heure-ci ? Il est passé minuit ! On ne dérange pas les gens comme ça au milieu de la nuit…

Il sonne à une porte. Est-ce que quelqu'un va venir lui ouvrir ? Pour le savoir…

TOURNE LES PAGES DU DESTIN…

Si elle s'ouvre, allez au chapitre 23.

Si personne n'ouvre la porte et ne lui répond, rendez-vous au chapitre 10.

60

De retour près de ton ordi, Jean-Christophe te fait remarquer que maintenant, l'écran, qui tantôt affichait des icônes, grésille de curieuse façon.

Rends-toi maintenant au chapitre 51.

61

Dans ta chambre, l'ordinateur maléfique a étendu, comme une pieuvre, ses tentacules tout autour de lui. Peu à peu, il prend possession des lieux et transforme tout ce qu'il touche.

Tout est en train de changer. Pour commencer, ton armoire est maintenant devenue l'entrée d'une mystérieuse grotte dans laquelle résident sans doute tout plein de créatures redoutables et très dangereuses. INCROYABLE ! Ta commode, elle, où étaient rangés tes vêtements, a été transformée en une sorte de robot-gardien à trois têtes. Pourvu maintenant de pinces, il est prêt à attaquer quiconque voudrait couper l'alimentation de l'ordinateur.

Ton petit tapis, lui, a perdu toutes ses belles couleurs. Maintenant, il GRONDE et il est pourvu de petits moteurs à réaction. On dirait un tapis magique version électronique prêt à emporter quiconque oserait y poser les pieds vers un lieu éloigné d'où on n'en revient jamais !

Avec tes amis tu dois agir vite avant que toute la maison ne tombe sous l'emprise de cet ordinateur démoniaque.

Rends-toi au chapitre 4...

62

T'es du genre plutôt solide, mais cette horreur te lève le cœur. Tu la laisses encore s'approcher. Elle ouvre la bouche. Ce monstre bicéphale a des projets pour vous... TU APPUIES SUR LA GÂCHETTE...

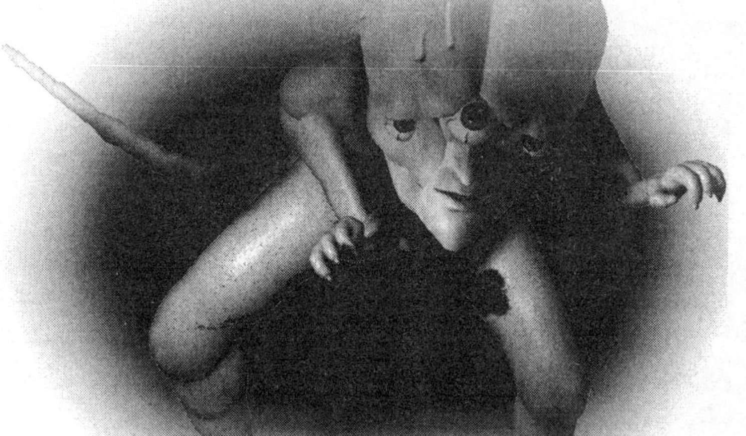

Vas-tu réussir à l'atteindre avec ton désintégrateur ? Pour le savoir...

TOURNE LES PAGES DU DESTIN ET VISE BIEN...

Si tu réussis à l'atteindre, rends-toi au chapitre 21.

Si par contre tu l'as raté, ZUT ! Va au chapitre 3.

63

Ton pied glisse sur la surface gluante du gros tube transparent, et tu tombes, entraînant dans ta chute tes deux amis avec toi. Une centaine de mètres plus bas, **SPLOUCH !** Vous plongez dans une rivière souterraine. Tous les trois, vous nagez jusqu'à la rive. Heureux de n'avoir rien de cassé, vous vous souriez en examinant le grand trou duquel vous êtes tombés. TROP HAUT ! Complètement impossible de retourner par là. De l'autre côté de la rivière, tu aperçois la silhouette sombre d'un pêcheur qui attend patiemment avec sa canne à pêche entre les mains qu'un poisson morde à son appât.

« PARDON MONSIEUR ! crie Marjorie. La rivière, où conduit-elle ? »

Pas de réponse. Le pêcheur reste immobile comme une statue. Il est tout gris et complètement recouvert… DE CENDRE VOLCANIQUE ! L'eau de la rivière se met soudain à bouillir. Vous reculez. De la lave rouge et très chaude remplace la belle eau bleue. Vous vous retournez tous les trois lorsqu'un grondement terrible survient **GRRRRRRRR !** Derrière vous, un volcan sous-terrain entre en éruption. Vous n'avez aucune chance de vous enfuir…

FIN

64

Jean-Christophe a beau tourner la poignée dans tous les sens, la porte ne veut pas s'ouvrir.

Il essaie de l'enfoncer d'un solide coup d'épaule, mais ça ne marche pas. Si ton ami Jean-Christophe, qui est plutôt costaud, ne peut pas enfoncer une porte, c'est parce que cette porte est blindée.

Pourquoi tant de précautions ? Que cache-t-elle ? Ceci te frustre vraiment en plus d'attiser encore plus ta curiosité.

Sur le mur, cachée derrière une petite porte de métal, Marjorie a réussi à dénicher un panneau électrique. Tu tripotes tous les boutons, mais rien à faire, il n'y a que les lumières qui s'éteignent et se rallument. C'est vraiment dommage, cette porte qui ne veut pas révéler ses secrets. Peut-être que tu devrais y revenir… PLUS TARD !

Retournez au chapitre 4…

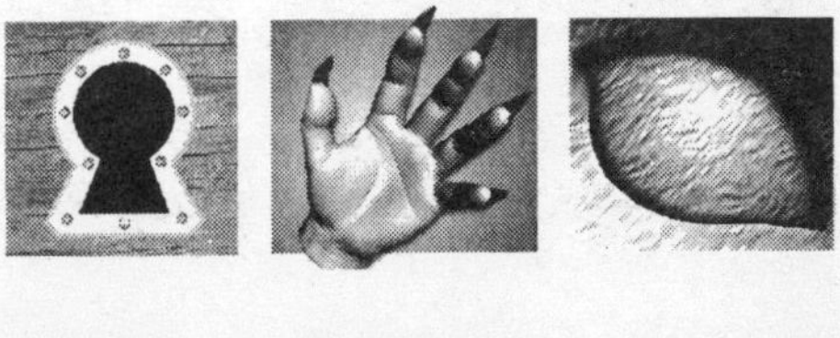

65

Tu observes à nouveau le panneau.

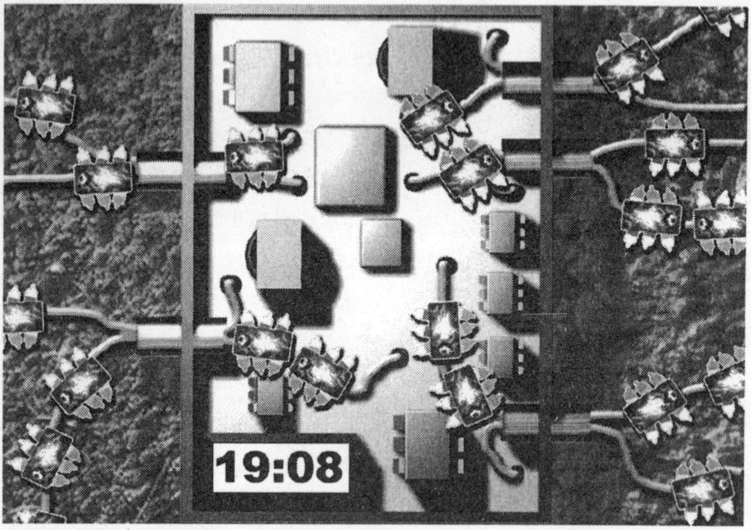

LE COMPTEUR ! Maintenant il indique 19:08. S'agit-il d'un compte à rebours ? Te rappelles-tu ce qu'il indiquait au chapitre précédent ?

Si tu penses qu'il s'agit d'un compte à rebours qui déclenchera quelque chose de vraiment terrible, rends-toi au chapitre 6.

Si tu crois cependant que ce n'est qu'une horloge mal réglée, va au chapitre 83.

66

QUELLE CHANCE ! Vous avez réussi à semer les raptors.

Pendant que vous reprenez votre souffle, le sol se met à trembler…

« Qu'est-ce que c'est maintenant ? demande Marjorie, le visage inquiet. Un tyrannosaure ? »

NON ! C'est seulement la montagne là-bas qui se met à cracher de la lave…

UN VOLCAN !

Des boules de feu volent partout. Vous vous jetez par terre en vous couvrant la tête. Une grosse boule s'écrase près de toi et met le feu à ton jeans. Jean-Christophe éteint la flamme avec une poignée de sable. Le volcan gronde, et des rivières de lave coulent très vite dans la vallée. Des centaines d'arbres sont en feu. Vous courez, mais vous vous retrouvez vite entourés de bras de lave incandescente. PAR OÙ ALLEZ-VOUS PASSER ?

Vous escaladez rapidement une colline afin d'évaluer mieux la situation au chapitre 72.

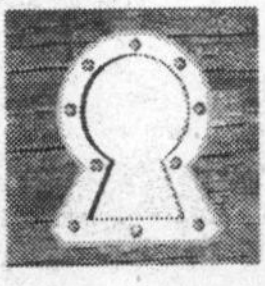

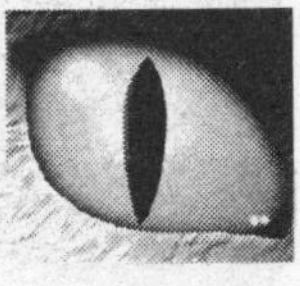

67

Marjorie réussit à se glisser dans l'ouverture qui était dissimulée derrière le tableau. Qu'est-ce qui se cache à l'autre bout de ce passage maintenant ?

Tu allumes les trois chandelles d'un chandelier et tu le remets à Marjorie. Aidé de Jean-Christophe, tu pousses le fauteuil brisé pour le remplacer par une table beaucoup plus solide.

Vous évoluez tous les trois dans l'étroit passage jusqu'au donjon du château. Cet endroit fortifié cache encore des canons pointés vers la forêt. Il y a des traces de pas récentes dans la poussière sur le plancher. Sur vos gardes, vous explorez les lieux. Un squelette couché sur un appareil de torture témoigne de la cruauté qui régnait à cette époque reculée. Dans sa main, le squelette tient encore solidement un bâton pourvu d'une curieuse boule d'ambre dans laquelle est emprisonnée… UNE PUCE ÉLECTRONIQUE !

Cette puce est âgée de milliers d'années ! Comment est-ce possible ? Ils ont réussi à clôner des ordinateurs vieux de milliers d'années ?

Allez au chapitre 16.

68

Tu conseilles très fortement à tes amis de bien mesurer leurs gestes, car cet endroit peut renfermer encore quelques malveillantes surprises.

Tu t'approches d'un des squelettes. Nul doute qu'il s'agit du roi, car il porte une couronne. À la place de pierreries, la couronne est constellée de transistors et de microprocesseurs anciens.

Ces étranges robots possédaient sans doute une peau comme la vôtre mais synthétique qui a disparu après toutes ces années. Ils ont un crâne et des os comme vous, mais en métal. Dans leurs orbites, tu remarques de petites caméras à la place des yeux. Avec d'infimes précautions, tu réussis à en extirper une. Elle est pleine de poussière, mais semble à la fine pointe de la technologie moderne.

« Cette caméra possède sa propre mémoire de stockage, montres-tu à tes amis. Il suffit de la brancher à un écran, et nous apprendrons peut-être quelque chose sur nos hôtes étranges… »

Placé sur la grande table, juste devant un des robots, un objet plat qui ressemble en tous poins à un portable attire l'attention de Marjorie…

... Au chapitre 101.

69

« NON MAIS EN PARLANT D'ÉLECTRICITÉ, TU AS DES FILS QUI SE TOUCHENT DANS TON PETIT CERVEAU!!! te répond-elle, pas d'accord du tout. Est-ce que tu crois qu'à chaque fois qu'une personne se fait frapper par la foudre, elle se retrouve à une autre époque ? tente-t-elle de t'expliquer. Eh bien non ! Elle se retrouve à l'hôpital, grillée comme une rôtie…

— T'as une autre suggestion ? insistes-tu. De toute façon, nous ne pourrions pas survivre ici plus d'une journée. La terre appartient aux dinosaures, au cas où t'avais pas remarqué. Pour eux, nous ne sommes que de la bouffe…

— OK ! OK ! accepte-t-elle enfin. Je ne suis pas d'accord avec ton plan stupide, mais je vais le faire pareil. Mais je te préviens, poursuit-elle avec son index pointé vers toi. Si je meurs dans cet arbre, je ne te parle plus jamais… »

Juchés tous les trois dans l'arbre le plus haut de la forêt, vous attendez, les doigts croisés. Un foudroyant éclair jaillit d'un immense nuage au-dessus de vous et vous frappe de plein fouet. Vous êtes tous les trois…

... Ramenés au chapitre 4.

70

De la substance gluante, tu retires avec dégoût la puce que tu crois être la pièce manquante et tu l'insères dans l'emplacement libre du circuit imprimé.

Tu t'écartes de la trajectoire de la porte qui, selon toi, va s'ouvrir. Mais à la place, à ton grand désarroi… LE PLANCHER SE DÉROBE SOUS TES PIEDS !

Tu tombes plusieurs mètres plus bas dans une pièce sombre. Tu te rends compte très vite que tu n'es pas seul ici, car ça bouge autour de toi.

« Marjorie ! Jean-Christophe ! demandes-tu timidement. Vous êtes-vous fait mal ? »

Pas de réponse ! Tu lèves la tête et tu aperçois tes deux amis restés là-haut — eux ne sont pas tombés dans le piège. Qu'est-ce qui rôde autour de toi alors ? Sur le qui-vive, tu fouilles la noirceur sans rien apercevoir. Une multitude de petites lumières s'allument partout. NON ! Ce sont les petits yeux brillants de bêtes cachées dans le noir. De petites dents très pointues te mordillent la cheville. Au-dessus de ta tête, la trappe se referme **BLAM !** et il fait soudain encore plus noir…

FIN

71

Très lentement, tu remets les fougères à leur place et tu regardes en direction de tes amis qui ont le visage blanc comme un drap, tout comme toi.

Vous comprenez assez vite que vous n'êtes plus dans ta chambre ni même à votre époque. La morsure électrifiante du monstre à trois têtes vous a propulsés des millions d'années dans la préhistoire. Autour de vous règne un silence total. Même les insectes se sont tus. Tu cherches à comprendre par quel miracle vous êtes encore vivants. Tu attends de longues minutes avant de regarder une seconde fois derrière le bosquet de fougères. Il n'y a plus de raptors ! OÙ SONT-ILS PASSÉS?

Au moment où vous vous levez, cinq raptors bondissent vers vous… VOUS COUREZ DANS LA DIRECTION OPPOSÉE ! Vont-ils réussir à vous attraper ? Pour le savoir…

TOURNE LES PAGES DU DESTIN…

S'ils vous encerclent et vous attrapent, allez au chapitre 87.

Si vous parvenez à vous enfuir, allez au chapitre 66.

72

Du haut de la colline, vous pouvez apercevoir toute la vallée qui est presque complètement ensevelie sous la lave. Il faut faire vite ! Trouvez-vous un chemin dans ce labyrinthe de lave avant qu'il ne soit trop tard…

Rends-toi au chapitre inscrit sur la voie qui, selon toi, te conduira hors de la vallée et du danger...

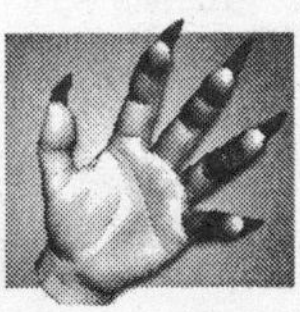
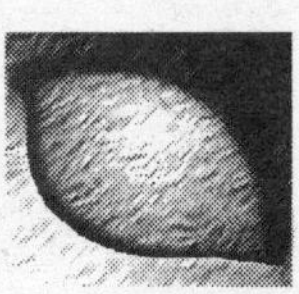

73

Tu tournes la manivelle et tu descends de quelques centimètres. SUPER ! Tu t'accroches au mur et tu déroules complètement le câble pour ensuite te laisser glisser jusqu'au plancher. Tu grimpes ensuite jusqu'au mécanisme de tes amis que tu libères aussi.

Prochaine étape, savoir où vous êtes. Une porte s'ouvre d'elle-même en grinçant. **CRIIII !** Vous sursautez tous les trois. Est-ce un courant d'air qui a fat ça ? C'est à espérer. Vous en franchissez le seuil. De l'autre côté, il y a un corridor très long bordé de dizaines de portes. Fouiller chacune d'elles vous prendra un temps fou ; vaut mieux commencer tout de suite.

Tu ouvres la première. Qu'est-ce qu'il y a derrière ? Un mur de briques. Marjorie ouvre la deuxième. Y a rien ! Pas de mur, pas de plancher, absolument rien.

Au tour de Jean-Christophe maintenant. Sera-t-il plus chanceux ? Il ouvre la troisième. Qu'est-ce qu'il y a derrière celle-ci… UNE AUTRE PORTE ! Il l'ouvre elle aussi. Une autre encore. Il en ouvre une dizaine,nt et toutes les portes en cachent une autre.

Va rejoindre Marjorie au chapitre 19. Elle vient d'avoir une idée…

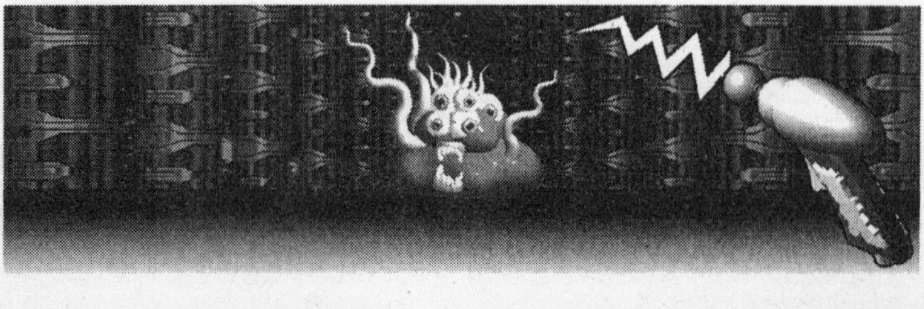

74

Malheureusement, la porte est verrouillée. Tu y colles encore une fois ton oreille afin de capter des bribes de la conversation : « Mmmmm ! Téméraires, grmm bbrrr capturer, frrtt et éliminer, mnnn… »

Tu en as assez entendu. Tu recules et tu tombes dans les bras de Jean-Christophe. Tu te retournes pour t'excuser, mais il ne s'agit pas de ton ami Jean-Christophe. C'est plutôt un zombie mécanique contrôlé par ondes radio par les personnes de l'autre côté de la porte. Tu essaies de t'éloigner, mais le zombie est doté d'une force incroyable et te retient sans difficulté.

Tous les trois, vous êtes capturés et emmenés dans une grande salle d'opération. Derrière un grand miroir, quelqu'un observe le travail des robots.

De longs bras mécaniques vous placent sur de grandes tables d'opération. Dans les heures qui suivront, vous subirez quelques petites modifications. Lorsque tout sera terminé, plus personne ne vous reconnaîtra… MÊME PAS VOUS !

FIN

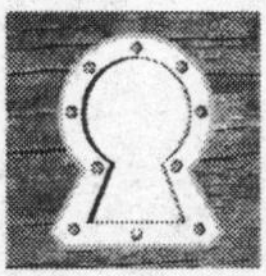

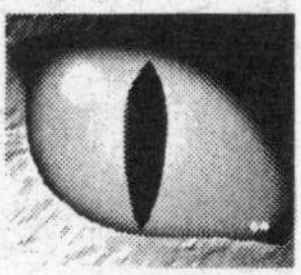

75

Vous avez réussi à sortir de la vallée engloutie. Au loin, vous entendez les plaintes de dinosaures prisonniers dans la lave rougeoyante.

GROUUUUUUUU ! GROOOUU !

Assis sur un tronc d'arbre écroulé, vous reprenez votre souffle. Comment allez-vous retourner à votre époque maintenant ?

Le ciel s'assombrit, un orage se prépare. Tu observes les gros nuages noirs chargés de pluie qui avancent vers vous.

« Il faudrait songer à trouver un abri, propose Jean-Christophe. Et vite ! »

En voyant au loin un éclair qui foudroie un arbre, il te vient une idée…

« NON ! J'AI UN PLAN ! expliques-tu à tes deux amis. C'est tout à fait le contraire qu'il faut faire. Il faut grimper à l'arbre le plus haut de la forêt et espérer que nous soyons, avec lui, frappés par la foudre. C'est l'électricité qui nous a conduits ici, et c'est elle qui nous ramènera à notre époque. »

Réaction de Marjorie à ce plan... CHAPITRE 69.

76

Timidement, vous vous placez tous les trois devant le miroir. Quelques secondes s'écoulent et… LE MIROIR SE BRISE ! CRAAAC ! NON ! Est-ce que ça signifie sept années de malheur ?

Tu touches ton visage. Toutes les rides sont encore là. Partout sur ton corps, tu sens soudain de drôles de picotements. Est-ce bon signe ? NON ! Car votre peau devient toute verte, et des pustules apparaissent partout sur votre corps.

Les pustules se métamorphosent ensuite en petits cratères d'où jaillit du liquide gluant. Ces pustules font toutes sortes de bruits. PRIIT ! BLOURB ! PSSSS ! Tu ne pensais jamais que ton corps pouvait faire des sons aussi dégoûtants.

Une mouche vole au-dessus de toi. Tu l'attrapes avec ta langue collante et tu l'avales.

« POUAH ! Qu'est-ce que je viens de faire ??? » t'exclames-tu, dépité.

Deux bonnes minutes viennent de passer. Il ne vous reste plus que six années, 364 jours, 23 heures et 58 minutes avant de retrouver votre apparence normale...

FIN

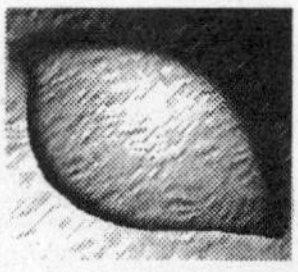

77

Cette rencontre avec le monstre bicéphale allergique au chocolat vous pousse à être vraiment sur vos gardes, et avec raison, car il pourrait y avoir ici d'autres de ces horreurs que l'on ne retrouve que dans les pires cauchemars…

Vous déambulez longtemps dans le réseau inextricable de galeries. Parfois, un étrange grondement de machinerie se fait entendre. Cependant, vous ne parvenez pas à en découvrir la provenance. Vous avez déjà entendu ce genre de bruit. Il s'agit d'un bruit de moteur qui actionne des courroies, et des roues dentées. Il y a aussi des poulies qui tournent comme sur les chaînes de montage de la manufacture de jouets de Sombreville que vous avez visitée avec ta classe. Mais ici, que fabrique-t-on ? DES ORDINAPEURS ?

Tu avances avec ça toujours en tête. Les câbles destinés à transporter les différentes composantes électroniques courent toujours le long des galeries de la grotte. À leur extrémité se trouve sans doute la réponse que vous cherchez.

Vous vous laissez guider par le plus gros amas enchevêtré de câbles jusqu'à une porte au chapitre 98.

78

Tu double cliques sur la clé. Elle tourne sur elle-même et va se placer dans le trou de la serrure. Tu croises les doigts. La clé tourne, mais l'écran de ton ordi devient tout rouge. CE N'EST PAS BON SIGNE ÇA !

Tu presses la touche ANNULER, mais ton doigt reste collé à la touche. Tu tires de toutes tes forces, et ton doigt reste toujours collé comme si tu avais mis de la super colle…

Ton index te fait terriblement mal maintenant. Tu le sens peu à peu se plastifier et devenir tout gris-vert. Des puces et des transistors apparaissent sur ta main. Quelques lampes témoins poussent comme des boutons sur ton front. Ta bouche s'étire, double puis enfin triple de dimension. Dans ta tête résonnent des cliquetis étranges. Un goût d'encre parcourt ta bouche. Tu es soudain surpris de constater que ta langue va de gauche à droite et qu'une feuille de papier sort graduellement de ta bouche. Ton ordi a écrit ces mots : « Tu es désormais… UNE IMPRIMANTE VIVANTE ! »

FIN

79

Vous ouvrez la porte la plus éloignée, et derrière elle il y a une salle. En plein centre, il y a deux miroirs. Un de ces miroirs a la propriété de vous faire retrouver votre jeunesse perdue. L'autre peut cependant vous transformer en quelque chose... D'INNOMMABLE !

Observe bien les deux miroirs et rends-toi ensuite au chapitre indiqué sous lequel tu crois être celui qui te fera retrouver ta jeunesse...

80

Pourquoi la porte conduisant au sous-sol est verrouillée, elle ? Elle s'ouvre par code. Si tu réussis à le déchiffrer, elle s'ouvrira...

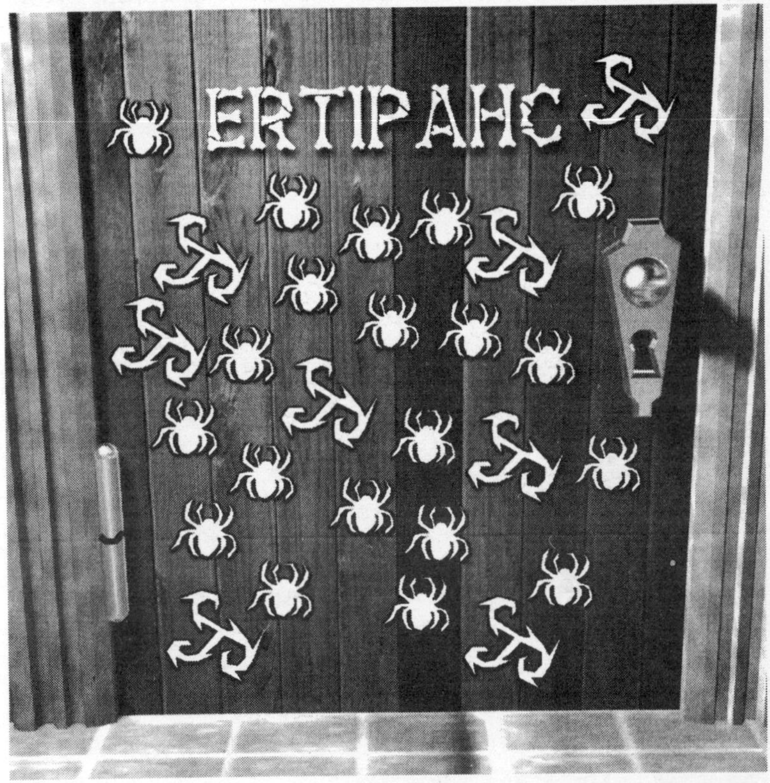

La porte s'ouvrira au chapitre 28 ou au 64 ? CHOISISSEZ !

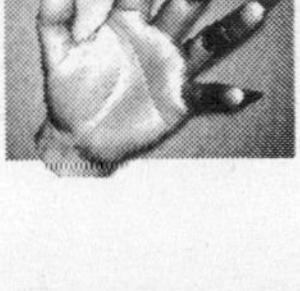

81

Quatre créatures aux dents proéminentes se lancent à leur poursuite. Tu diriges tes amis le mieux que tu peux dans le réseau compliqué et tortueux d'un labyrinthe lugubre.

Mais où est donc cette sortie de malheur ? Tu pianotes du mieux que tu peux sur les touches. Si au moins il y avait les foutues lettres sur les touches, ça serait un jeu d'enfant de gagner cette partie et de sortir tes amis de là.

Dans le labyrinthe, les monstres s'accumulent. On dirait que tu viens de passer au deuxième niveau. Avec beaucoup de chance et de doigté, tu réussis à semer tous les monstres.

Tout à fait en haut de l'écran se trouve une porte bordée de colonnes. C'est peut-être la sortie. Tu y diriges tes amis. Aussitôt qu'ils sont entrés, l'écran devient tout noir, puis tes amis réapparaissent devant une créature gigantesque… LE MAÎTRE DU NIVEAU !

Derrière eux, la porte vient de se fermer **BLAM !** La créature avance vers eux en se pourléchant les babines. Tu tapes nerveusement sur quelques touches mais rien ne se produit… LE CLAVIER NE RÉPOND PLUS À TES COMMANDES !

FIN

82

L'entrée des catacombes est double.

***Observe bien les lieux.
Ensuite, rends-toi au chapitre
que tu auras choisi.***

83

Tu regardes tes deux amis en levant tes épaules.

« Ce n'est qu'une horloge, leur dis-tu en t'éloignant du panneau. Poursuivons l'exploration de la grotte. »

Tu marches devant eux à pas mesurés. Dix-neuf minutes s'écoulent, et autour de vous tout devient de plus en plus sombre. Tu t'arrêtes pour retourner en arrière, mais il fait tout aussi noir. LE COMPTEUR ! C'était un compte à rebours. L'énergie électrique semble absorbée par ton ordinateur. L'écho de centaines de sonneries résonne. C'EST ASSOURDISSANT ! Les deux mains sur les oreilles, vous essayez de vous éloigner de ce vacarme. Devant vous, la voûte de la galerie s'effondre **BRRRRRRRR !** La poussière t'entoure. Ça te fait tousser, mais au moins, tous les trois, vous n'avez rien. Il y a un grand trou au-dessus de vous, par lequel vous pouvez voir le ciel étoilé. Dans l'amas de roches tombé se trouve une cabine téléphonique. Le téléphone sonne continuellement. **DRIIIIIIIIING !**

« MAIS RÉPONDEZ QUELQU'UN ! » gueule Marjorie, qui n'en peut plus d'entendre ce bruit.

Tu tends le bras et attrapes le combiné au chapitre 45.

84

Puis la porte s'ouvre avec fracas…

BLAAAAM !

« NON MAIS, QU'EST-CE QUE VOUS ME VOULEZ ? gueule le monstre. J'ai bien spécifié que je ne voulais pas être dérangé pour de stupides autographes lorsque je suis dans ma loge en train de répéter mes scènes…

— Votre loge ??? reprend Marjorie, éberluée. Quelle loge ?

— Vous êtes aveugles ? poursuit le comédien costumé en monstre. Et l'étoile avec mon nom inscrit dessus, vous ne l'avez pas vue ? » demande le comédien avant de vous fermer la porte au nez.

BLAAAAM !

Arrivent soudain près de vous deux agents de sécurité, écouteurs dans l'oreille.

« Nous avons trouvé les jeunes gens qui se sont introduits sans autorisation, Monsieur, crache un des agents dans un petit microphone accroché à son col. Nous les escortons jusqu'à la sortie. »

Expulsés tous les trois du site du tournage de « Le zombie du lycée », il ne vous reste plus qu'à marcher tous ces kilomètres jusqu'à chez toi, au chapitre 4.

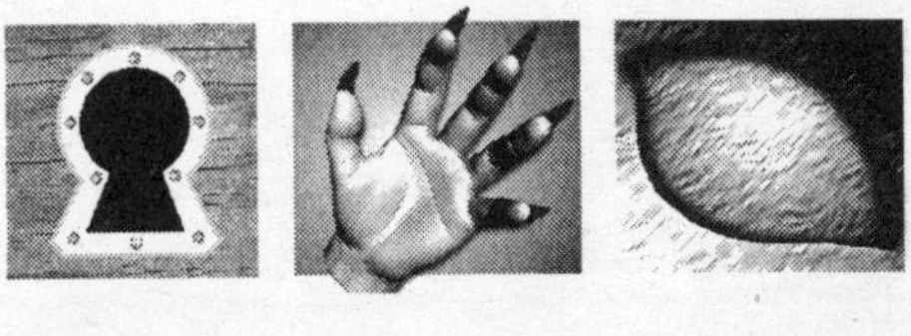

85

Avec la paume de la main, tu te frappes la tête à plusieurs reprises...

« Réfléchis ! Réfléchis ! Réfléchis ! » murmures-tu à voix basse.

Soudain, tu y penses...

« PAR COURRIEL ! »

CLIRC ! sur l'icône de la messagerie. Au moins, cet ordi de malheur collabore, bien ! Jusqu'à maintenant au moins. CLIRC ! sur « Nouvel envoi » et tape ton message de détresse : S.O.S. Gros problème d'ordre surnaturel. STOP ! Venez tout de suite. STOP ! Apportez le matériel ainsi que le désintégrateur. STOP ! DÉPÊCHEZ-VOUS ! STOP !

Ensuite, tu CLIRC ! sur « Envoi urgent »...

De longues secondes passent. Immobilisé par l'ordi, tu espères de tout cœur qu'au moins un de tes amis est encore debout et qu'il va recevoir ton message. Une petite porte s'ouvre toute seule sur le boîtier de l'ordinateur, CHLIC ! et te fait sursauter. Une tripe molle pourvue d'une ventouse à son extrémité va se coller à ta commode. Un dégoûtant liquide parcourt le viscère. Ta commode vibre et sous tes yeux... SE MÉTAMORPHOSE !

OUUUAH ! Va au chapitre 31.

86

« Je vais vous présenter, commence à expliquer Mourabus, le magicien malicieux, ici même dans les catacombes, le tour qui m'a rendu célèbre : LE TOUR DU LAPIN DANS LE CHAPEAU… »

Vous vous regardez tous les trois.

« Le lapin dans le chapeau ??? fait Marjorie. C'est complètement dépassé ce tour, tous les magiciens d'autrefois l'exécutaient dans tous les spectacles.

— SILENCE DANS LA SALLE LORSQU'UN ARTISTE EXÉCUTE SON TOUR ! vous intime Mourabus. C'est un tour des plus délicats qui demande une grande concentration. »

Marjorie cache sa bouche et pouffe de rire.

Mourabus plonge sa main dans son chapeau noir, prononce quelques paroles incompréhensibles et fait apparaître un énorme lapin noir… AVEC LA BOUCHE PLEINE DE GROSSES DENTS POINTUES !

Ce n'est pas de la rigolade, ce tour. Ce magicien fou vient de faire apparaître un lapin-carnivore. Mourabus fait ensuite claquer ses doigts, et une porte verrouillée avec plusieurs cadenas bloque maintenant la sortie des catacombes…

FIN

87

Entouré de voraces raptors, tu récites une prière.

« Dieu, si je m'en sors, je promets de faire mes devoirs tous les soirs, commences-tu, les mains jointes. Je jure aussi de rentrer à la maison à l'heure convenue, aussi… »

Soudain, autour de vous, tout commence à s'élever. NON ! Rien ne s'élève, c'est vous qui vous enfoncez dans des sables mouvants. Les raptors sont intelligents et, voyant le risque qu'ils courent, préfèrent chercher des victuailles ailleurs.

Vous vous enfoncez jusqu'à la taille. Marjorie se démène, ce qui a pour effet de vous faire caler encore plus, toi et Jean-Christophe. Tu lui expliques que plus elle bouge, plus elle va s'enfoncer.

Vous attendez longtemps comme ça, immobiles, cherchant une solution. Soudain, la terre bouge. Est-ce un tremblement de terre ? C'est le volcan au loin qui entre en éruption et qui secoue la terre. Vous vous enfoncez tous les trois jusqu'à la…

FIN

88

BON ! Autour de vous, il y a des vieux meubles brisés, une grande bibliothèque aux tablettes effondrées et des tapisseries rongées par les mites et pas le moindre ordinateur ou appareil électronique.

« Je ne crois pas que nous allons trouver ce que nous cherchons ici, suppose Jean-Christophe, et avec raison. Ce château semble inhabité depuis plusieurs siècles… »

Pourtant, dans le cœur du foyer, crépitent quelques bûches, et personne ne s'en est rendu compte…

Tu avances vers une pile de livres par terre. Lorsque tu viens pour en saisir un, il tombe en poussières. Tu en soulèves un autre qui semble en meilleur état et tu l'ouvres. Les pages sont blanches, il n'y a rien d'écrit. Tu palpes une page. Elle est couverte de petites bosses… C'EST DU BRAILLE !

La personne ou la créature qui habitait ce château était aveugle ou quelque chose du genre. Marjorie s'assure de la solidité d'un fauteuil de velours et ensuite grimpe dessus pour s'approcher d'un grand cadre recouvert de poussière…

... au chapitre 94.

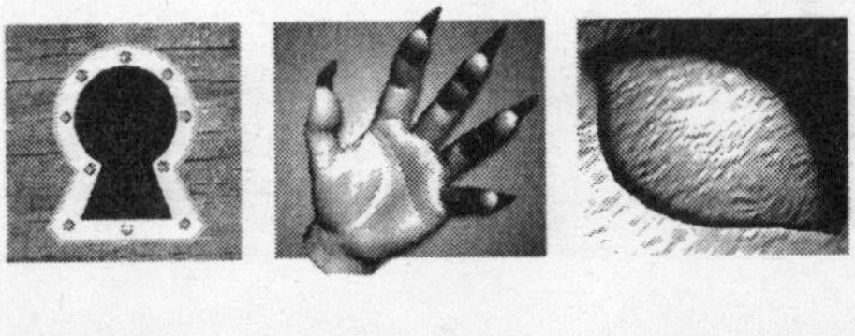

89

Tu regardes la souris par terre quelques secondes puis enfin tu te décides à la ramasser. Par précaution, tu dévisses ses deux ailes raides. De cette façon, tu vas pouvoir mieux la contrôler.

Tu la tiens fermement dans ta main et tu la déposes sur son petit tapis. Jean-Christophe, avec précautions, la rebranche puis s'éloigne vite. Sous tes doigts, elle gigote comme un animal qui cherche à s'enfuir. Le pointeur apparaît à l'écran. C'est bien parfait.

Tu cliques sur plusieurs icônes, mais rien ne se passe à l'écran. Dans ta main, la souris vibre, et ta main se met à grésiller comme l'écran d'un poste de télé mal réglé. Ensuite, c'est tout ton bras qui grésille et enfin tout ton corps. Des chiffres, des lettres et des icônes apparaissent partout sur ton corps, sur ton front, ton ventre, tes bras. Tu viens d'être transformé... EN ÉCRAN HUMAIN !

FIN

90

Tu poses le pied sur la première marche d'un très long escalier et tu t'arrêtes aussitôt. Marjorie cherche à comprendre ce que tu fais. Tu appuies sur un bouton poussoir dissimulé dans le relief d'une colonne sculptée. Un moteur ronronne, et les marches de l'escalier montent lentement.

« Je suis doté d'une de ces intelligences, ce n'est pas croyable, te vantes-tu auprès de tes amis.

— Peut-être, mais tu n'es pas la seule personne comme ça, tu sais, réalise Marjorie. Qui donc a pu construire cet escalier mécanique à une époque aussi reculée ?

— La clé réside sans doute dans ce curieux sceptre à puce ancien », réfléchit Jean-Christophe.

Clé est le mot juste, car lorsque vous arrivez tout à fait en haut, se trouve une grande porte très solide, vous parvenez à l'ouvrir en insérant le sceptre dans une ouverture comme s'il s'agissait justement… D'UNE CLÉ !

Derrière cette porte, vous trouvez une grande table ovale autour de laquelle sont assis plus de vingt squelettes de robots poussiéreux au chapitre 68.

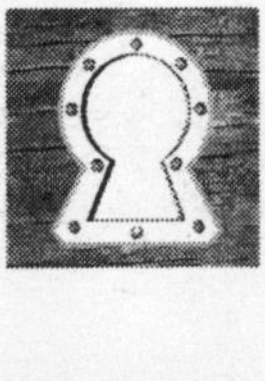

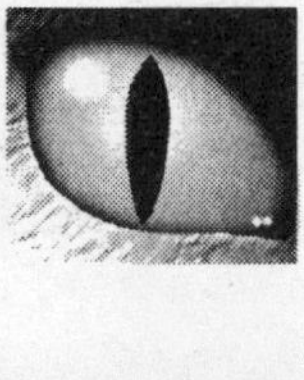

91

« POIL DE LOUP-GAROU ! s'exclame Marjorie, tout hébétée. Cette machine... C'EST MON FRÈRE ! »

Tu t'approches lentement pour toucher le couvercle. C'est froid, c'est du métal. Jean-Christophe a réellement été transformé en une sorte de machine à laver...

Marjorie se tient la tête entre les mains et retient ses larmes. Sur l'afficheur, ton nom s'efface, et d'autres lettres apparaissent.

En conjuguant vos forces, vous réussissez à le pousser jusqu'à ta chambre. Le bruit des roues sur le plancher a alerté ta mère, qui arrive aussitôt. Comment vas-tu lui expliquer la présence de cette laveuse dans ta chambre ? En fait, ça n'a aucune importance puisque, dans quelques heures, ton ordinateur aura pris possession de tous les gens de ton quartier et les aura tous transformés, ainsi que toi et Marjorie... EN RÉFRIGÉRATEUR, EN VIDÉO, EN TÉLÉ...

FIN

92

Confiant d'avoir choisi le bon icône, tu attends calmement les bras croisés que cette horreur de tentacule dégoûtant lâche ton cou. Une dizaine de secondes passent puis **SLOURP !** Tu es libéré…

Tu attrapes ta souris et tu fouilles ton ordinateur jusqu'à ce que tu trouves un jeu que tu ne te rappelles pas avoir installé sur le disque dur : LA CRYPTE NOIRE. C'est peut-être la clé de tous tes problèmes. Tu décides de démarrer une partie. Mais il faut une clé pour commencer une partie.

Tu observes attentivement la serrure avant de t'en aller au chapitre 46.

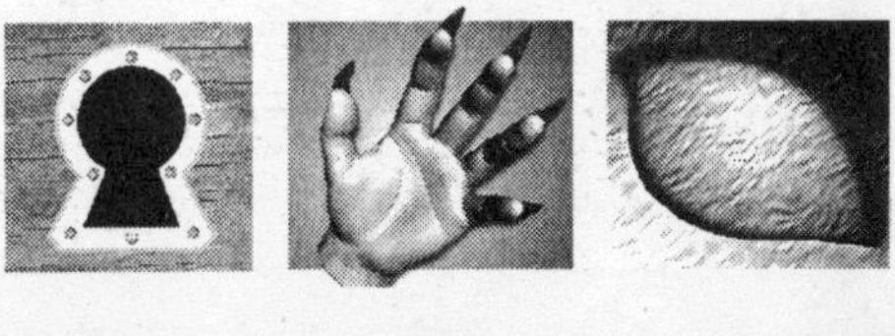

93

La respiration de la créature se fait de plus en plus rapide. Vous vous serrez l'un contre l'autre. Sa tête se tourne vers vous. Marjorie ferme les yeux et récite une prière muette.

Des **COUIC ! COUIC !** de roues mal huilées résonnent. Une grosse télé sur roulettes, roule jusqu'à vous puis s'arrête. Elle est directement reliée à la tête de la créature par un gros tuyau contenant une matière gluante de couleur bleue. Le tube-image du poste grésille un peu puis un horrifiant visage apparaît.

Du petit haut-parleur perforé vous provient ensuite une voix synthétisée :

« HUMAINS ! gronde-t-elle. Depuis des siècles j'attends, en état d'hibernation électronique, que votre technologie progresse pour enfin me libérer de cette prison de roches dans laquelle des mages m'ont enfermée. Votre ordinateur a été l'amorce de ma deuxième naissance. Maintenant, vous allez savoir la vraie signification du mot : ténèbres. VOUS ÊTES ÉNERGIE ! Je vais me connecter à vous et faire le plein... VOUS ÊTES ÉNERGIE ! »

Trois gros tentacules munis de ventouses dentelées descendent de la voûte juste au-dessus de votre tête...

Écartez-vous vite au chapitre 95.

94

Avec sa main, elle réussit à nettoyer la toile. Sous les couches de poussière et les toiles d'araignée se trouve le terrifiant portrait d'une créature sans yeux, sans nez et sans bouche. En fait… SANS VISAGE !

Allez au chapitre 104.

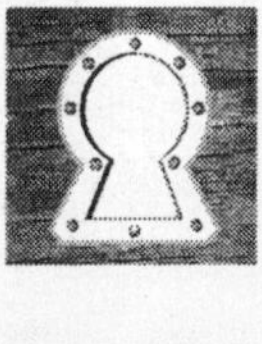

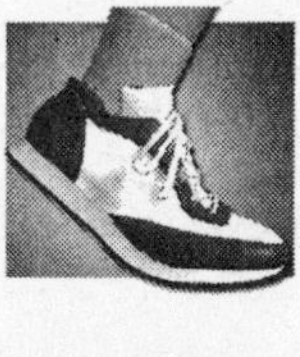

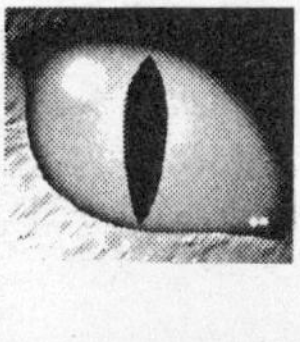

95

Comme des serpents, les tentacules vous pourchassent dans la grotte. Si seulement l'un d'eux réussit à se brancher à l'un de vous, la créature aura suffisamment de force pour se mouvoir et se déplacer. Là, vous n'aurez aucune chance contre elle.

Tu te penches lorsque le tentacule passe à un centimètre de ton nez. Marjorie, acculée dans une crevasse de la grotte, lutte désespérément avec le deuxième tentacule qui vient de la cerner. Elle l'attrape à deux mains et tente de le retenir. Elle n'est cependant pas assez forte, et le tentacule s'approche de son front.

Jean-Christophe saisit une grosse roche et martèle de coups le gluant tentacule qui voulait se connecter à sa cheville. Du sang mauve gicle et éclabousse son visage. Le troisième tentacule danse devant toi. Il cherche l'endroit parfait pour se connecter à toi. Une immense stalactite est directement placée au-dessus de lui. Tu fais une série de clins d'oeil à Jean-Christophe. Il attrape tout de suite une roche, fait une motion digne des plus grands lanceurs de baseball et lance une prise en plein sur la stalactite, qui se détache de la voûte et va s'écraser sur le tentacule, qui s'apprêtait à te sauter dessus...

CRACHH ! *Au chapitre 100.*

96

La puce électronique que tu as choisie s'insère parfaitement dans l'emplacement libre du circuit imprimé. Avec tes amis, tu attends, immobile. La porte ne s'ouvre même pas d'un millimètre. Il y a un bouton-poussoir. Peut-être que… Marjorie appuie sans réfléchir. Tous les trois, vous voilà pris de violents picotements. Tu veux te gratter, mais tout se met à tourner autour de vous. La tête te tourne; tu fermes les yeux, car tu te sens très mal. Autour de toi, tout finit par se calmer. Tu ouvres les yeux. Où êtes-vous ? Il y a partout des plantes tropicales inconnues.

Tu en touches une et constates qu'elle est en plastique. Tu avances lentement jusqu'à ce que ta tête heurte une vitrine faite d'un plexiglas incassable. De l'autre côté, un attroupement de petits robots écoute attentivement les commentaires d'un robot-guide :

« Poursuivons la visite du musée. Nous avons ici trois beaux exemplaires de l'espèce humaine, explique le robot-guide de sa voix de synthèse. Ces créatures régnaient sur terre il y a plus de mille ans, bien sûr avant la domination de la Terre par nos vénérables ancêtres les ordinateurs. Nous devons la présence de ces spécimens dans notre beau musée à notre science avancée des portes temporelles installées un peu partout dans le passé... »

FIN

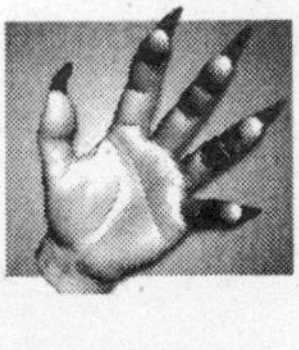
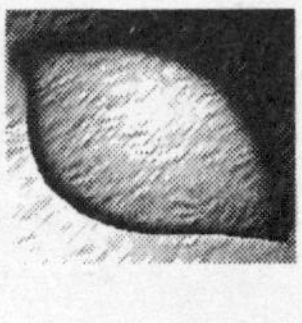

97

Le robot au visage presque humain parle, mais vous n'arrivez pas à saisir un seul mot. C'est une langue très étrange et totalement inconnue. À l'écran, vous apercevez des robots qui vaquent à leurs occupations, comme vous, les humains. Tu lances au portable la commande : STOP ! lorsque tu aperçois quelque chose qui ressemble à un calendrier sur un mur.

« ZOOM 100 FOIS SUR LE CALENDRIER À GAUCHE », cries-tu.

Sur l'écran apparaît clairement la date : 2312.

« 2312 ! lit Marjorie en cherchant à comprendre. Qu'est-ce que ça signifie ?

— C'est le futur ! en déduis-tu en étudiant l'image. C'est notre futur en plus. Ce sont non pas de simples robots, mais des humains modifiés, optimisés comme des ordinateurs. Nous en viendrons probablement à cela si nous continuons à mal nous nourrir et à négliger l'environnement. »

Vous poursuivez le visionnement jusqu'à ce que vous aperceviez des tubes de transport dans une pièce voisine qui vous ramènent comme par magie…

... dans ta chambre, au chapitre 4.

98

La lourde porte est solidement verrouillée. Vous cherchez la serrure mais il n'y en a aucune. Il y a sûrement une autre façon de l'ouvrir. Il s'agit de découvrir comment.

Examine-la attentivement. Ensuite, rends-toi au chapitre 24.

99

« T'ES COMPLÈTEMENT MALADE ! refuse-t-elle en s'écartant du chemin. Il n'est pas question que je touche à cette horreur. »

Jean-Christophe, lui qui n'a peur de rien, enfin pas de ce genre de petites bêtes, se jette par terre et attrape la longue queue du rat.

« BRAVO ! » lui cries-tu de l'autre bout de la galerie.

Mais le rat est très sale et même humide. La queue du rongeur glisse entre les mains de Jean-Christophe. Son visage se fige dans une expression de crainte lorsqu'il voit le rat s'arrêter juste devant le caillou placé sur le levier. Des sueurs perlent sur ton front, et il ne fait pas chaud ici. Se pourrait-il que ce rat soit intelligent à ce point ? La réponse vient vite lorsque tu aperçois le rongeur bondir et atterrir à quatre pattes sur le caillou **CHLIC !**

Les bruits grinçants de vieilles poulies rouillées résonnent aussitôt. Les plaques de pics mortels amorcent leur descente pendant que les grosses lames de scie vous poursuivent dans la galerie.

Vous courez comme des fous jusqu'à une échelle suspendue qui OUF ! vous ramène tous les trois à l'entrée de ton armoire, dans ta chambre, au chapitre 4.

100

Jean-Christophe et toi vous approchez l'un de l'autre pour vous taper dans les mains, mais vous vous arrêtez lorsque vous constatez que le tentacule qui s'en prenait à Marjorie... VIENT DE SE CONNECTER À SON FRONT !

NOOOOOOON !

Lentement, au centre de la grotte, la créature écarte ses longs bras engourdis par un long sommeil. Vous vous regardez tous les deux et courez vers Marjorie. À pieds joints, vous sautez sur le tentacule jusqu'à ce qu'il lâche prise. Marjorie, à demi évanouie, balbutie quelques mots :

« Je suis OK ! murmure-t-elle d'une voix presque éteinte. Tout va bien, merci...

— AH OUI ! TU DIS QUE T'ES OK ! tonne Jean-Christophe, incrédule. Alors dis-moi comment s'appelle notre perruche ?

— Gabou ! répond-elle, le visage hagard. Elle s'appelle Gabou... »

Jean-Christophe entre dans une colère noire, car ils n'ont jamais eu de perruche : Marjorie est complètement allergique aux plumes d'oiseau.

ÇA VA TRÈS MAL ! Va au chapitre 106...

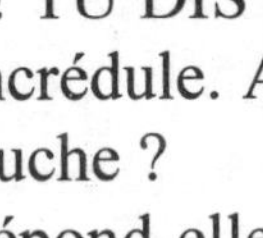
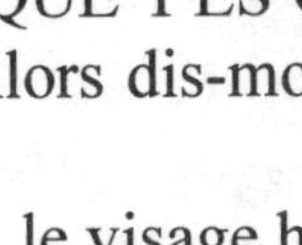
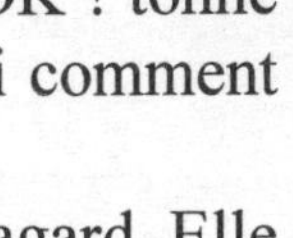

101

Marjorie ouvre le couvercle et se réjouit lorsqu'elle aperçoit un petit écran à cristaux, mais cependant pas de clavier.

Vous branchez la petite caméra et cherchez un bouton. Il n'y en a pas. Tu soulèves l'appareil. Il n'y a rien en dessous non plus. Jean-Christophe tapote partout le portable.
« Allez, mets-toi en marche, espèce de cochonnerie ancienne, s'impatiente-t-il. ALLEZ ! »

L'écran soudain s'illumine…

« Qu'est-ce que tu as fait ? lui demandes-tu. Tu as appuyé sur un bouton caché ?

— Non, je l'ai seulement traité de cochonnerie, te répond-il en souriant. Tu crois que ce portable fonctionne aux insultes ?

— IDIOT! lui lance sa sœur. Y a pas de clavier, donc c'est un portable très avancé à fonction vocale.

— LECTURE DE LA MÉMOIRE DE LA CAMÉRA ! » commande Marjorie en parlant très fort.

L'écran sautille un peu, puis apparaît le visage d'un robot au chapitre 97.

102

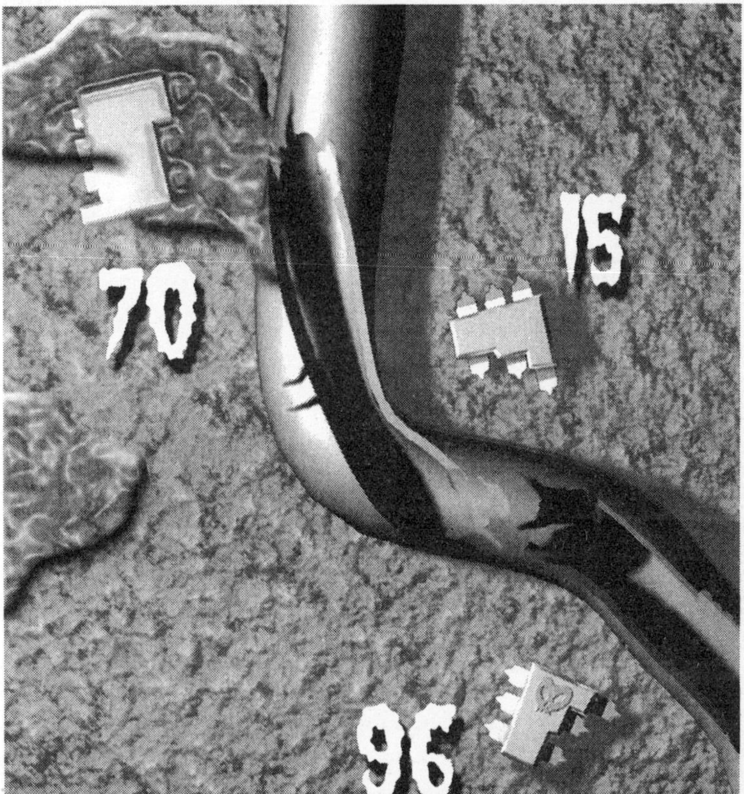

Rends-toi au chapitre inscrit près du composant que tu crois être la pièce manquante du système d'ouverture automatique de la porte.

103

Plusieurs kilomètres plus loin, c'est une forêt. Plus vous vous éloignez de la ville, plus il y a des arbres morts. Vous vous approchez de la zone interdite. Interdite parce qu'on raconte des choses. Combien de chasseurs se sont perdus dans la zone interdite ? Des centaines ? Les autorités n'ont jamais réussi qu'à retrouver leur équipement et leurs vêtements en lambeaux. Autour de leur campement, il y avait à chaque fois des centaines de douilles de fusil, comme si une bataille incroyable avait eu lieu…

Devant vous, la silhouette sombre d'un château tranche le ciel bleu nuit. Encore plus loin, entourées d'une forêt impénétrable, sont enfouies pour l'éternité de très anciennes catacombes. Près du moteur à propulsion du tapis, vous n'avez pas remarqué qu'il y avait une manette de direction grâce à laquelle tu pourrais guider le tapis jusqu'au château. Vas-tu l'apercevoir ? Pour le savoir…

TOURNE LES PAGES DU DESTIN…

Si tu réussis à apercevoir la manette de direction, rends-toi au château Morondus au chapitre 13.

Si par contre tu ne l'as pas vue, tu dois te laisser conduire jusqu'au catacombes au chapitre 20.

104

Comme un détective, Marjorie examine attentivement les contours du tableau et découvre des pentures. Le tableau cache une porte. Lentement, elle tire le tableau qui pivote vers elle. Des toiles d'araignée s'étirent puis se brisent. Elle s'écarte de la trajectoire afin d'ouvrir complètement le tableau, mais à ce moment, un des pieds du fauteuil émet un craquement CRAC ! Est-ce que le fauteuil va tenir le coup ou est-ce que le pied va complètement se briser et céder ?

Pour le savoir, mets un signet à ce chapitre, ferme ton Passepeur et dépose-le debout sur une surface plane devant toi.

Si ton livre tient debout dix secondes sans tomber, eh bien le pied du fauteuil va tenir le coup, le temps que Marjorie se glisse dans l'ouverture cachée derrière le tableau au chapitre 67.

Si cependant ton Passepeur tombe avant que les dix secondes se soient écoulées, alors là, le pied du fauteuil vient de se briser, et Marjorie fait une mauvaise chute jusqu'au chapitre 49.

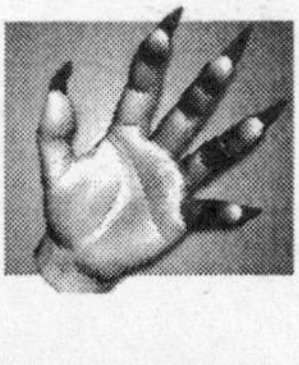
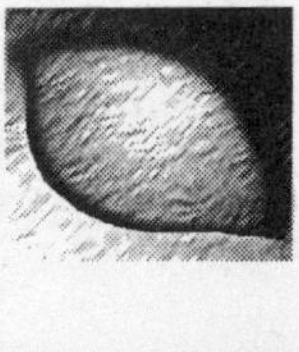

105

Les talons sur le bord du gouffre, les pieds dans le vide, tu pousses un FIOU ! car ton ami vient de te sauver d'une chute qui t'aurait été probablement fatale.

Bon, maintenant, comment allez-vous traverser cet obstacle ? En marchant sur un des gros câbles comme des funambules, c'est la seule façon. Mais en es-tu capable ? Pour le savoir, mets ton signet ici pour ne pas perdre ta page, ferme ton Passepeur et pose-le debout dans ta main ouverte.

Si tu es capable de faire trois pas en gardant ton livre en équilibre dans ta main, tu as réussi à traverser, comme un funambule, le câble jusque de l'autre côté du gouffre. Rends-toi alors au chapitre 53 afin de poursuivre ton aventure.

Si cependant ton livre est tombé avant que tu n'aies pu faire trois pas, tu chutes dans l'abîme du gouffre au chapitre 63.

106

Jean-Christophe déteste, c'est qu'un monstre mette ses sales tentacules sur sa sœur. Il attrape le tentacule et fonce vers la créature qui s'apprêtait à se lever. Marjorie dans tes bras, tu observes la scène. Jean-Christophe hurle comme un Sioux et escalade le dos du monstre pour finalement planter le tentacule au beau milieu de son front...

« TIENS SALE CRÉATURE ! hurle-t-il, debout sur la tête du monstre comme un conquérant du haut d'une très haute montagne. TU PEUX TÉTER TA PROPRE ÉNERGIE VITALE ! »

La créature sans bouche hurle de l'intérieur de façon caverneuse puis s'effondre dans un amas de glu puante. Jean-Christophe, au beau milieu de la mare dégoûtante, vous regarde en souriant.

Tu aides Marjorie à se relever. Elle peut se tenir debout toute seule maintenant. Jean-Christophe s'approche d'elle.

« Et puis, petite sœur, lui demande-t-il doucement. Tu vas bien ?

— Très très bien, souffle-t-elle encore, un peu étourdie. Je blaguais tantôt, je sais bien que nous n'avons pas de perruche nommée Gabou. Je blaguais pour te taquiner un peu... MATHIEU !

— QUOI ! MAIS JE NE M'APPELLE PAS MATHIEU ! »

FÉLICITATIONS !
Tu as réussi à terminer
L'ordinapeur...

4 JEUX PÉRILLEUX

IL FAUT QUE TU SACHES ! Si tu oses tricher à ces petits jeux démoniaques, tu subiras la pire des malédictions. Il te poussera des poils sur les dents, et des yeux vont apparaître sous tes ongles d'orteil. Enfin, des tas de trucs épouvantables jusqu'à ce que tu sois complètement transformé en monstre hyper dégoûtant. NE DIS PAS QUE JE NE T'AI PAS PRÉVENU...

TROUVE-TOI UN CRAYON, ET À L'ATTAQUE...

LA VICTIME CACHÉE

Tous les monstres et créatures du quartier sont à la poursuite de cette personne. Ils hanteront les rues de Sombreville sans relâche jusqu'à ce qu'ils assouvissent leur soif de vengeance… ET DE SANG ! Mais qui est donc cette pauvre personne ?

S	P	E	C	T	R	E	L	U	O	G	C
C	O	R	P	S	U	N	U	I	T	S	Y
Z	O	O	R	R	E	U	R	R	E	Q	C
A	L	I	E	N	P	T	T	G	L	U	L
S	O	R	C	I	E	R	E	E	C	E	O
T	E	M	M	E	S	O	F	S	I	L	P
O	T	L	A	N	S	S	O	I	R	E	E
M	P	I	N	A	A	M	R	T	Q	T	J
B	Y	F	O	R	P	O	E	N	U	T	E
E	R	A	I	C	S	M	T	A	E	E	U
O	C	I	R	A	R	I	C	H	A	R	D
V	A	M	P	I	R	E	S	A	N	G	I

Lorsque tu auras
trouvé tous ces mots dans
la toile d'araignée, tu obtiendras
la réponse. C'est un mot de trois lettres...

ALIEN
CIRQUE
CORPS
CRÂNE
CRYPTE

CYCLOPE
ERREUR
FAIM
FILM
FORÊT
GLU

GOULE

HANTISE
JEU
MANOIR
MOMIE
NUIT
PAS
PASSEPEUR
RICHARD
PROF
SANG

SOIRÉE
SORCIÈRE
SORT
SPECTRE
SQUELETTE
TOMBE
VAMPIRE
ZOORREUR

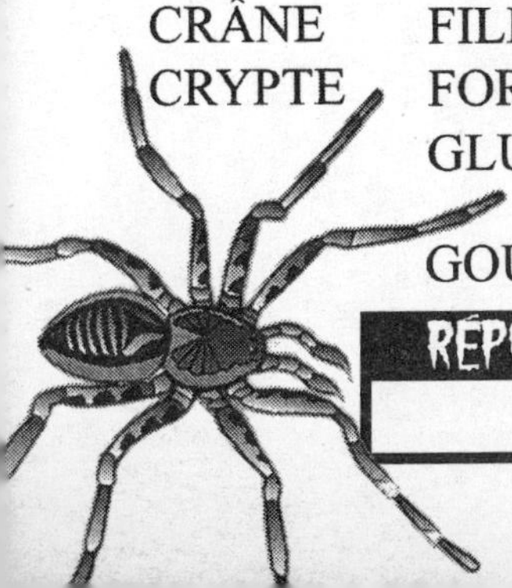

RÉPONSE

MIROIR ! GRRR ! MIROIR ! GRRRR ! DIS-MOI QUI EST LE PLUS BEAU ?

« En tout cas ce n'est pas toi ! » répond le miroir infidèle à ce pauvre monstre.

Il y a sept différences entre le monstre et son reflet dans le miroir. CHERCHE BIEN ! Le miroir est craquelé, ça ne sera pas facile...

MORCEAUX ARRACHÉS

AH NON ! Une créature enragée a découpé avec ses griffes meurtrières des illustrations de ton livre Passe-peur. Ouvre tes trois yeux et identifie les chapitres auxquels appartiennent ces bouts d'image...

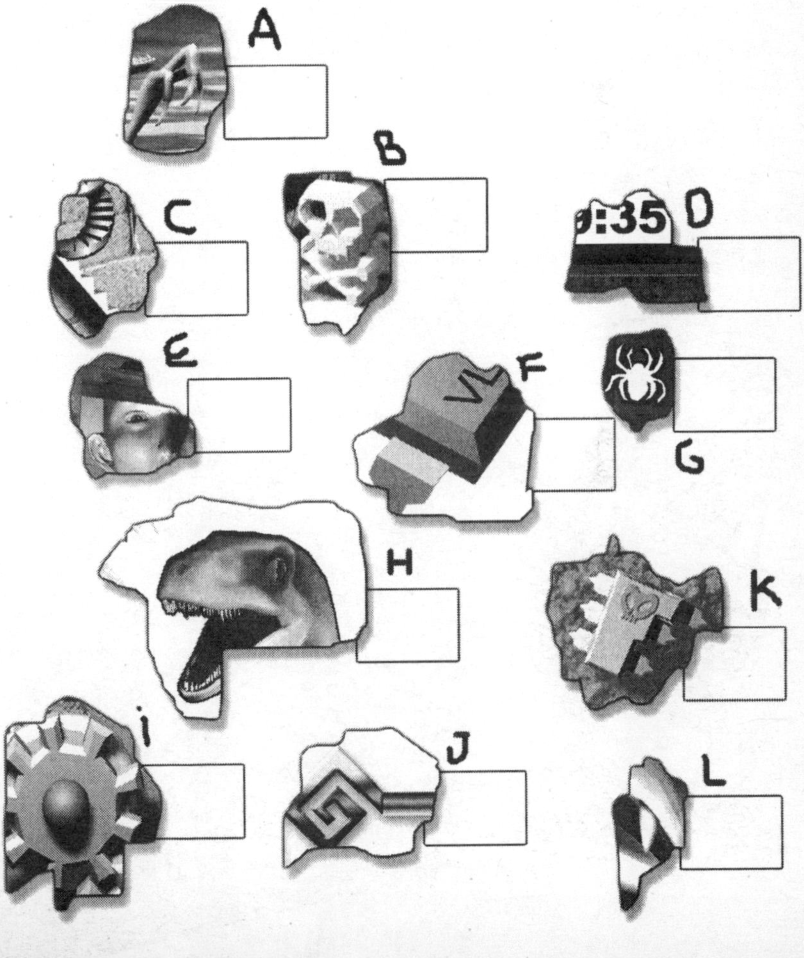

LA LANGUE DES SORCIÈRES

ATTENTION ! Tripoter le grimoire d'une sorcière pourrait avoir de très fâcheuses conséquences. La couverture faite d'une peau d'animal inconnu pourrait te transmettre une maladie terrible. Ici, il n'y a que quelques mots, mais vaut mieux être prudent...

Essaie de décoder les mots de cet étrange rituel...

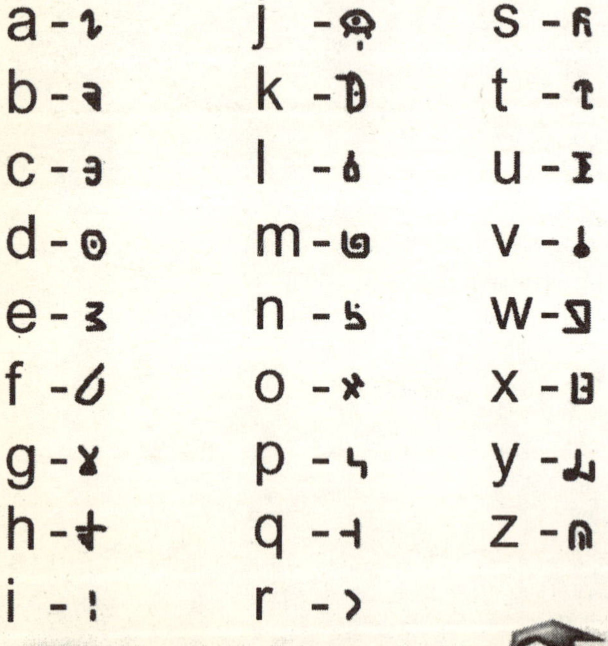

PAGE DES SOLUTIONS

LA VICTIME CACHÉE

C'EST **TOI!** Oui, toi. Trouve une meilleure cachette, sinon…

MORCEAUX ARRACHÉS

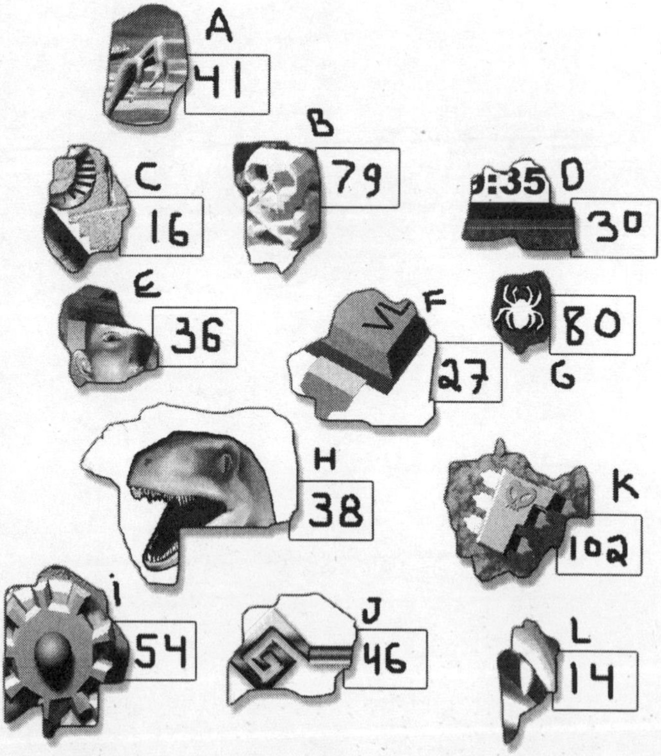

LA LANGUES DES SORCIÈRES

Cerveau décomposé de zombie et
antennes d'extraterrestre,
que le reste de sa misérable vie,
il la passe à manger des vieux restes...

MIROIR ! GRRR ! MIROIR ! GRRR !

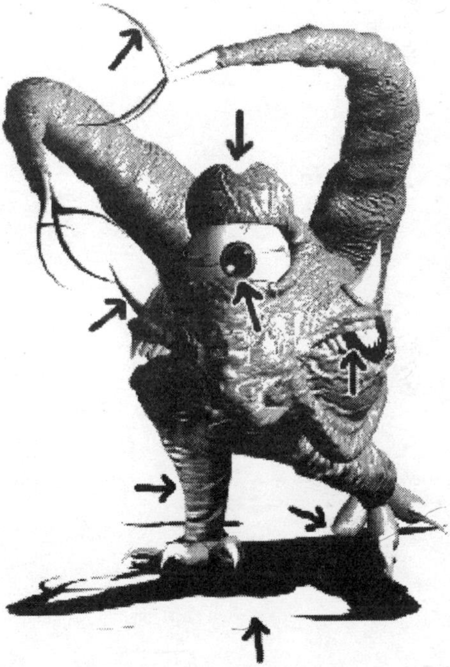

NE MANQUE PAS
TA PROCHAINE AVENTURE :

LE LABYRINTHE DU CYCLOPE